사대문 밖 마을

사대문 밖 마을

초판 1쇄 인쇄 | 2024년 05월 31일
지은이 | 안윤자
펴낸이 | 이재욱(필명:이승훈)
펴낸곳 | 해드림출판사
주 소 | 서울 영등포구 경인로82길 3-4(문래동1가 39)
　　　　센터플러스빌딩 1004호(07371)
전 화 | 02-2612-5552
팩 스 | 02-2688-5568
E-mail | jlee5059@hanmail.net

등록번호　제2013-000076
등록일자　2008년 9월 29일

ISBN　979-11-5634-588-6

Lyrical Essay

사대문 밖 마을

안윤자 수필집

해드림출판사

프롤로그

　작가라는 타이틀을 걸고 글을 쓴 지 삼십여 년이 지났다. 지금은 맘만 먹으면 누구나 문인이 될 수 있는 시대지만 등용문이 좁았던 그 시절, 유수 지면으로의 등단은 청운의 꿈을 이룬 성취감에 비견했다. 등단과 동시에 인터뷰와 여러 지면으로부터 원고청탁이 들어와 설레었다.

　라이너 마리아 릴케를 꿈꾸었고 헤르만 헤세처럼 고뇌했던 젊은 날들. 그 꿈은 아직도 퇴색지 않아 오늘도 나는 릴케의 문학을 탐닉하고 헤세의 집에 머문다.

지성의 탐미주의자 릴케. '나무'라는 푸른 상징을 영혼의 숲으로 가꾸며 방랑자의 꿈과 고뇌를 그려간 헤세.

나 또한 한 줄 문장을 다듬을 때마다, 모국어를 빛내는 작가가 되리라 다짐했던 등단의 각오를 되새긴다. 글은 나에게 성소聖김다. 그 태초의 영감으로 글을 쓴다.

2024년 5월 안원자

차례

프롤로그 4
에필로그 209
작품 해설 | 안윤자의 수필 세계 212

1부 별이 잡아 주었다

은하의 빛	12
나무들의 집	17
사대문 밖 마을	20
조각달	24
시애틀 연가	27
유럽의 향수	33
블래드 호수의 추억	38
색의 미학	42
시간 속의 존재	47

2부 바다가 노래했다

바다의 노래	55
반월	60
우주의 숲	65
남편이라는 집	69
서방을 멀리하고 書房遠離	72
교회당	77
마지막 인사	83
투가리스트 주교님	96
최초의 주미공사관	101

3부 진주목걸이를 샀습니다

그 길 앞을 지나며	108
진주목걸이	113
레테의 강을 건너	119
예수마누라님	124
아혜야	134
에메랄드빛 초록 섬	138
푸른 비망록	145
부적이 되고 싶은 마음	161
나를 기억해 줄 사람	166

4부 두 권의 책을 읽고 있다

맑고 깊게 흐르는 강	174
인생에서 두 권의 책	177
삶의 나침판이며 길동무인 책	183
서로 사랑하고 서로 용서하자	186
크리스마스카드	190
이 세상의 한 저녁에	194
천년의 숨	198
소원이 없는 여자	204

1부

별이 잡아 주었다

은하의 빛

 광화문에서 얼마쯤 떨어진 거리. 왕조시대에는 성저십리로 도성 바깥의 서울인 한성부에 속한 땅이었다.
 이곳으로 이사를 온 지도 두어 해가 흘러갔다. 초로에 홀로 내쳐진 이방의 무명씨처럼 아무리 둘러봐도 아는 얼굴 하나가 없는 사방천지가 몹시 낯설고 서먹했다. 하염없이 먼산바라기를 하던 와중에도 은근히 질긴 자생력 덕분인지 새벽이슬에 옷 젖는 줄 모르게 시나브로 정은 들어갔다.
 리조트처럼 고요하고 숲이 푸른 이 단지는 출입문을 세면 열 개가 넘는다. 주변 환경을 탐색할 양으로 틈만 나면 정문 밖으로 나가서 이 거리, 저 골목길을 기웃거리곤 했는데 그렇게 차츰 가시거리가 눈에 익자 서먹함이 절반으로 줄어들었다.

때마침 출간된 대하소설을 발송하는 작업을 하느라 무뚝뚝한 편의점 총각과도 말문을 트고 상가 부동산에 팩스를 부탁하는 여유도 생겼다. 결코 친절하다고는 말할 수가 없었던 이 동네 우체국 직원과도 딴에는 얼굴을 텄다.

낯설다는 건 무관심 지대였던 장소나 사람, 환경에 대하여 반응하는 부적응증이 아닌가 한다. 의식 속에서 조금이라도 체화된 공간이었다면 그렇게까지 어설픈 등외의 심정이었을 리가 없기에 드는 생각이었다.

말문이라도 트고 싶어 누구와의 커피 한 잔이 간절했던 날에도 집히는 얼굴 하나가 떠오르지 않았다. 두세 정거장 밖에는 문단의 후배가 살고 있지만 지척이 아니면 먼 곳의 혈육이나 무에 다른가. 눈인사라도 날리며 사뿐히 지나가고 싶은데도 마스크 속의 냉랭한 무표정에 절로 움츠러들곤 했다.

외로울 수 있는 자유를 최대치로 구가했던 침울한 적응이 아니었나 싶다. 세칭 신축 아파트다 보니 알고 보면 서로가 서로에게 모두가 낯설었고 다가가기 결코 쉽

잖은 어색한 처지들이었을 것이다.

　꽁꽁 닫힌 창틀 속의 고립감을 날마다 곱씹으며 언어와 풍속이 다른 남의 나라, 낯선 하늘 아래에 덩그러니 혼자 떨어진 노녀의 처지와 내 입장이 무엇이 다르랴?를 곱씹었다.

　침전된 우울의 나날이 흘렀다. 외로움은 바쁘다고 하여 덜어지는 덤이 결코 아니었다. 여차하면 나도 우울증 환자가 될 수 있겠거니, 그렇게 서글픈 감상에 빠져들기도 했었으니까.

　그 누구의 간섭도, 방해도 배제된 오직 나만의 공간. 초록 숲이 내다보이는 창과 작은 서재를 원했던 꿈. 다시금 가슴속에다 품어야만 했던 간절한 그 소원을 갖은 곡절 다 감수하면서까지 쟁취해 낸 고독한 이 처소에서 난 왜 맨날 눈물만을 반추해야 했을까. 몽상적인 혼을 소유한 사람에게 꿈과 현실은 그렇듯 언제나 괴리가 있었다.

　오십 년을 살아와 태어난 고향 땅보다도 더 애틋이 여겨지는 시공간이 서울이다. 그런데 그 서울 한복판에서 이방인 아닌 이방인의 처지가 되어 외로움을 앓으며 시달렸다. 소박하기 짝없는 거리고 동네이며 하늘 밑인데.

그즈음 생텍쥐페리의 '어린왕자'가 오버랩 되었던 것 같다. 어린왕자도 이름 모를 사막에 홀로 뚝 떨어졌을 때 이렇게 낯설었겠구나. 아니 '어린왕자'의 초상이었던 생떽쥐베리가 돌연 불시착했다는 사하라의 모래벌판에서 그는 얼마나 처연하고 막막했을까? 이런 동병상련의 정마저도 일었다.

아리수를 서북쪽으로 건넌 내지에서 타향살이 아닌 타관의 스산함을 신물 나도록 겪었던 지난 이년여. 우수가 더친 날에는 밤하늘에 보일 듯 말 듯 힘없이 박혀있는 별을 찾아내어 하나둘 세어가며 우울한 심사를 달래고는 했다.

눈을 동그랗게 치켜뜨고 불빛이 사그라든 밤하늘을 뚫어지게 쳐다보면 여기저기에 희미하게 박힌 별들을 찾아낼 수가 있었다. 그 숫자가 하나둘씩 불어날 때마다 몹시도 반가웠다. 수만 광년의 허공을 사이에 두고 목이 메는 그리운 사람 얼굴을 마주한 것처럼 그렇게도 반가웠다.

아아, 밤하늘에는 아직도 별이 떠서 있네.

사라져 버린 줄로만 알았던 별이 서울의 밤하늘에도 아스라이 떠 있었다. 지상의 불빛이 하도 유난하여 별들의 도르래 소리가 들려오지 않았을 뿐, 무량한 천공에는 수없는 유성들이 반짝이고 있다는 것, 그 사실을 알아챈 것만으로도 적잖은 위로가 되었다.

별을 세는 것은 잊히어 간 동심의 추억을 캐내는 일이다. 그건 밤하늘을 반짝반짝 수놓았던 아련한 별밤의 향수와 유년의 추억에 대한 변함없는 우정이며 그리움이었다. 어렸던 날 올려다본 칠흑 같은 밤하늘에선 주먹만 한 별들이 쏟아져 내렸다.

이곳으로 거처를 옮기고 하염없던 날에 이상스럽게도 수없이 반짝이는 별들이 밤하늘에서 가득히 빛나고 있는 꿈을 서너 차례나 꾸었다. 그것도 날마다 똑같은 꿈을 연달아서 꾸었다. 아직도 꿈속의 그 총총했던 별밤이 눈에 선히 그려진다.

비록 꿈속이었지만 어린 날의 신화를, 초롱초롱한 별들이 노래하는 아름다운 별밤을 다시 한번 내 두 눈으로 분명히 확인할 수가 있었다는 것, 그게 얼마나 울음이 났는지 모른다. 꿈에서 깨면 눈가가 젖어 있었다. 그건 외로운 영혼의 눈물방울이 떠돌다가 밤하늘에 날아가 박힌 은하의 빛이었다.

나무들의 집

지금 내 집은?

옛 도성 육조거리에서 얼마쯤 비켜 앉은 동네에 있다. 이만큼 살아보니 지난 세월의 자취는 한낱 공空일 뿐, 허虛일 뿐. 여기까지 걸어온 노정이 몹시 힘에 부쳤다. 저마다의 인생행로가 그러하겠지만.

대형마트와 성당과 대학병원이 인접한 곳. 지하철역이 코앞에 있어 세칭 초역세권이라 불리는 고층의 나의 집. 우거진 나무들과 단풍나무 숲길이 여러 갈래로 나 있는 푸른 단지의 어느 창안에 내가 머문다.

젊어서는 그리도 고독한 뜰을 동경했는데. 파도가 닿는 연안의 오두막 한 채를 골똘히 꿈꾸었지. 한데 이젠 번잡한 도회의 소음이 되려 마음 편하다. 고독은 산중 상념이 아니라 저잣거리에서 밟히는 파편이란 걸 알아챘기 때문이다.

어쩌면 생의 마지막 쉼표가 되는지도 알 수 없는 이 처소. 내 집의 뒤란은 나지막한 능선이 북한산 깊은 자락과 합쳐지는 산속으로 이어진다. 나의 신전 으슥한 나무들의 집으로.

이 단지의 토양에 뿌리를 내린 조경수들이 우람한 성목으로 무성해져 갈 동안에, 내 육신은 점점 소멸을 향해서 작아져 갈 것이다. 나무들이 지금보다 더 그윽하게 푸른 그늘을 드리울 때쯤이면, 아아 그날에도 나는 오늘처럼 집안에 틀어박혀 글이나 다듬고 있으려나?

미국 남동부 애팰래치아산맥의 오두막에서 농경과 수렵 생활을 했던 체로키족은 비밀의 장소를 하나씩 가슴에다 품고 살았다. 은밀히 간수한 그 공간은 영혼의 마음을 닦기 위한 그네들 인디언의 비법이며 숭고한 전통이었다.

우주와 접선이 된 깊은 산속의 자기 나무 그늘 밑에서 체로키 인디언들은 바람이 잎새를 건드리며 슬쩍 떨구고 지나가는 신탁을 엿듣곤 했다. 문득 나도 나만의 숲을 만들고 싶다. 산책길에 은연히 신호를 보낼 잎이 무성한 한 그루의 나무를. 그 신성한 등걸에 기대어 이따금은 졸고 싶다.

숲과 나무들, 별이 총총 빛나는 밤하늘, 깊이를 알 수 없는 심해의 비밀과 강물이 흘러가며 속닥이는 밀어, 그리고 새파랗게 열린 창공은 평생을 두고 그리도 연모하고 눈물겨웠던 나의 노래요, 울음이며 가없는 그리움이었다.

이제는 집이라는 공간을 적당히 어질러놓고도 편히 살아간다. 주방 도구들이 싱크대에 종일 나와 있고 일간신문은 저녁이 될 때까지 거실 바닥에서 뒹굴어도 예전처럼 눈에 거슬리지 않는다. 식탁은 책들로 점령당한 지 이미 오래되었고.

티끌만 한 먼지 한 톨에도 치를 떨었던 소싯적의 까탈스러움. 그날의 결벽증에 비한다면 지금 나의 이상은 지구처럼 둥글, 둥글어진 것이지. 웬만한 소요쯤은 눈도 끔쩍 않으니 이만하면 꽤 달관한 터. 그 지점을 지금 내가 막 통과하고 있다.

사대문 밖 마을

 이사를 했다. 서울 시내를 살짝 벗어나 인근의 전원 지대에서 생활한 지 9년 만의 귀환이었다. 수십 년간 명동과 청량리, 강남구에서 터를 잡고 살았는데 같은 서울의 하늘 밑이라 해도 처음 발을 디딘 이곳은 몹시도 낯이 설었다.

 삶이란 게 추구하는 대로 꼭 이루어지는 건 아니지만, 애초부터의 계획이라면 정년퇴직 후에는 사대문 안으로 들어가서 살고 싶었다. 그러리라 작정하고 벼르면서 또 꿈을 꾸곤 했다.

 오백 년 도읍지의 궁성이 잔재하는 옛 도성 큰 대문 안에서 역사의 공기를 호흡하고 궐 마당을 내 집 후원

삼아 들락거리며 정온히 살고 싶었다. 그런데 다시 돌아온 거처는 도성 밖 한양의 진산이었던 인왕과 북악 그 너머에 있다. 소망을 비껴선 시계, 사대문 바깥에서 궁을 바라기하고 있는 형국이 된 셈이다.

  요즘 나는 촌티를 폴폴 풍기는 이 소박한 근거지에 정을 붙여가는 중이다. 지하철을 타면 곧장 궁궐 큰 대문에 이른다. 물론 옛날 같았으면 하루에도 서너 번은 더 걸어서 오갔을 거리지만.

  광화문에 인접해 있으면서도 매연과 온갖 아우성이 난무한 소음으로부터 비켜앉아 조금은 외지다 싶게 느껴지는 이 마을. 아직은 하늘 평수가 그런대로 넓어 보이는 주변을 다행이라 여기며 눈높이가 낮은 이 거리에 정을 붙이려 애를 쓴다.

  늘솔길 나지막한 능선 아래 들어서 있는 대단지 주거지이고 보니 울안은 리조트처럼 숲이 푸르고 너른 신천지다. 그야말로 속은 최첨단인데 대문 밖은 흡사 어느 지방의 읍내 풍경 같은 소박한 정취를 풍긴다. 신기한 것이 이 거리에는 아직도 전당포 간판이 버젓이 붙어 있다는 점이다.

  이제는 도심 어디서든 눈을 씻고 찾아보기가 어려워

진 전파사가 대로변에서 목청껏 흘러간 음파를 날리고 있었다. 사람 순하게 생긴 가게 주인은 이 동네 토박이로 49년째 전파사 문을 열어놓고 있다고 했다.

나는 금방 정이 들 것 같은 허름한 점방 안으로 빨려 들어가서 빈티지풍의 카시오 탁상시계 하나를 어울리지 않는 비싼 값을 지불하고 품고 나왔다. 값을 하나도 깎지 않았다. 조석으로 숙명처럼 가게 문을 여닫으며 늙어갔을 토박이 주인장을 보니 암말 말고 그냥 하나 팔아주고 싶었다.

그쪽 길 골목 입구에는 담장에 찰싹 늘어 붙어 평수라곤 게딱지만 한, 마치 태엽이 돌다가 정지된 것 같은 55년째 성업 중이라는 시계포가 태연히 존재한다. 목하 그 언덕배기 빌라촌의 한 잡화상점은 2대째를 물려가면서 무려 70년이 넘게 업을 이어가는 중이라고 했다.

뭐에 그리도 콧등이 시큰하던지 나는 정문 앞의 번듯한 슈퍼를 놔두고 우정 허접스러워 보이는 그 점방을 찾아가서 짐을 만들어 끙끙대며 오곤 했다.

째깍째깍 시류를 거스른 채로 아직도 무심히 돌아가고 있는 추억 속의 아날로그 잔재들이 이 동네서는 무표정한 얼굴로 속속 박혀있다. 아, 큰길을 지나다 발길이 멈춰지기에 올려다보니 '인생술집'이라는 낡은 간판이 흔들리고 있었다.

모던과 클래식이 절묘하게 혼재된 이 거리에서 몸은 최첨단 지대에 속해있는데 심사만은 해묵은 세기의 흔적에 가서 얹힌다. 세상 물정이야 단연 첨단을 향해 환호성을 지르나 가슴속 정분은 흘러간 가락에 눈시울이 젖으니 그 점이 난감하다.

귀향을 굳이 태어난 고향 땅으로만 한정할 필요는 없을 것이다. 낙향한 선비인 연 소일하기 유한 터전. 품이 넓은 능선에 기대어 아직은 현란한 광화문의 이면처럼 느껴지는 소박한 이 동네도 강산이 변한다는 십 년 후쯤이면 스카이라인을 일신하게 될 것이다.

옛 법궁이 앉은 광화문의 큰 산맥으로부터 뻗어 내린 정기가 고여있는 산자락 뒤엣 마을. 흰 구름이 재를 넘다가 졸고, 청풍이 묻어오는 단아한 서재에서 나는 여기에 당도하느라 숨이 찬 심신을 다스린다. 이제나마 치열하게 붓을 갈고 문체를 닦을 일이다.

조각달

 그루잠에서 깨어난 한밤중. 흰 시폰 커튼을 젖힌 창가에는 그림 같은 조각달이 걸려 있었다. 어머머, 달님이 내 침실을 엿보고 있었나 봐.
 알고 보니 이곳은 달의 길 월로月路. 망망대해를 떠도는 허연 쪽배 같은 반달도, 옛 여인의 고무신을 훔쳐다 신은 초승달도, 어느 운수 좋은 날 밤에 설원의 알프스 산정에서 떡하니 마주쳤던 쟁반같이 둥근 보름달님도, 가던 길을 멈추고는 홀로 잠든 나의 침상에 은빛 가루를 뿌려주고 있었다.
 그날에야 내 집 창밖이 달님이 지나가는 길목인 걸 알았다. 그것이면 되었다. 창망한 우주 공간에서 반짝이는 저 별 하나처럼 희미한 촉광을 발하고 있을 나의 실존이 더는 혼자가 아니란 걸 알아챘으니.

외로움은 신이 내게 내린 선물인지도 모른다. 예수의 발아래서 하염없이 울은 마리아 막달레나처럼 뜨거운 눈물로 씻겨지라고, 눈처럼 새하얘지라고. 그러니 나의 외로움은 신께 기도로 돌려드려야만 하는 것.

글을 쓰려면 속이 맑아져야 한다. 내면이 맑게 정돈되기 위해서는 겉이 고요해야 한다. 외로움은 눈물을 뿌리지만 손을 맞잡고 걸어가야 하는 친구. 글을 쓰는 사람으로 살아가면서 두 눈이 곯도록 나는 왜 꼭 글을 써야만 하는가? 절대고독의 밀실을 진정 향유하고 있었던가를 자문해 본다.

전국민 작가 시대를 지금 우리는 향유하고 있다. 누구나 맘만 먹으면 작가가 되고, 화가가 되는 세상, 때론 그 타이틀의 겉멋에 현혹되어 수많은 사람이 부나방처럼 작가라는 행렬에 끼어든다.

하나 고독이라는 성안에 진정 갇혀보지 못한 사람, 외로움과 정면으로 맞서본 사람이 아니라면 그를 두고 어찌 작가라 말할 수가 있겠는가. 그런 사람은 결코 시원

始源의 늪에 닿아 본 적이 없을 것이다. 그만큼 사유의 지평이 얕을 것이기에.

배고픔을 참는 것도 극기이나 내적인 고요를 잃은 허기에는 미치지 못한다. 고독은 무구無垢한 내음의 회로이니까.

나의 창가에도 친구들이 모여든다. 숲을 희롱하며 휘파람을 불고 지나가는 명지바람과 낮게 드리운 능선에 기대 잠자는 뭉게구름 떼. 선지 빛 처연한 노을. 연두에서 초록으로 번지는 숲의 적막을 깨고 이름 모를 새들이 한바탕씩 울다가 간다.

시애틀 연가

 십수 전 가을 LA 카운티에서 휴가차 잠시 머물렀다. 내 지갑 속에는 백 불짜리 지폐 열 장이 고이 숨겨져 있었다. 동행한 이도 모르게 환불해 간 천 달러의 속내.
 캐나다와 가까운 국경 지대로 비가 많고 수목이 우거져 에메랄드 시티라 불리는 푸른 숲의 도시 시애틀. 옛날에는 인디언의 근거지였던 그 땅에 내 친구 S가 살고 있다.
 직장 동료로 만나서 오랜 우정을 나눈 그와 나는 비슷한 연배의 친구다. 그녀는 스카우트되어 갔던 대학병원의 부서장 자리를 얼마 안 있다가 내던지더니 어느 날에, 정녕 어느 날 홀연 시애틀로 날아갔다. 신촌의 Y대학교에 입학을 한 외아들을 앞세우고.

 아메리카에서 전문 간호사로 일하고 있다는 유일한 혈육인 언니가 살고 있는 땅. 그 나라에서 살다가 거기에 묻힌 어머니가 계신 땅 미국으로.

 예나 지금이나 제아무리 미합중국이 젖과 꿀이 흐르는 가나안의 영지라 할지라도 이민은 결코 쉽게 단행할 수 있는 결단이 아니다. 전문 직종의 탄탄한 울타리를 허물면서까지 굳이 이민자의 행렬에 합류하는 건 엄청난 모험이며 용기를 수반한 반전이었을 것이니.

 우리끼린 직업에 대한 자부심이 있었고 커리어우먼을 자처했었다. 그렇게 당당했던 서울에서와는 달리 그녀가 발을 디딘 이국에서 의외로 삶의 고초를 겪고 있다는 풍설이 나돌았다. 교회에서는 여전히 성악을 하고 오르간을 연주한다는 소식이 들리고 있었지만,

 누구보다도 자존감이 강한 그녀가 동양에서 온 늙고 추레한 이민자의 모습을 하고서 심히 앓고 있으리라는 상상은 절대로 유쾌한 그림이 아니었다. 그런 친구에게 내 마음의 일단이나마 전해주고 싶었던 게 천 달러의 진실이었을 것이다.

 그러나 그 마음은 끝내 전해지지 못했다. LA에서 시애

틀로 곧장 날아가기로 예정되어 있던 전날에 어쩐 일인지 친구는 종일 내 전화를 받지 않았다. 난감하기 짝이 없었던 당일 오전까지도.

예기치 못하고 당면한 현실이 몹시도 허탈했다. 일정이 남아있었기에 울며 겨자 먹기식의 미서부 여행길에 올랐다. 네바다주 라스베이거스의 현란한 불빛 아래서 뜨거운 밤을 온 심장으로 달구고.

가도 가도 메마른 모하비 사막에서 기도하듯 하늘을 향해 양팔을 벌리고 서 있는 죠수아 나무들. 고대에는 내해였으나 화산과 강물의 퇴적 작용으로 인해 사막 지형으로 변했다는 막막한 불모지를 헤집고 종일을 달리고 또 달려갔다.

창창한 하늘과 마주한 메마른 사막. 저 아득한 벌판 어딘가에서 버펄로의 등에 올라탄 모하비족 인디언들이 툭 튀어나올 것만 같았던 환영. 끝도 없이 고립된 모하비의 적막감.

허허한 사막의 끝 지점에서 만난 미서부 개척 당시의 은광촌 칼리코Calico 고스트타운Ghost Town을 지나자 붉은 핏덩어리 같은 해가 지평선으로 기울고 있었다. 어둑해질 무렵에 콜로라도에 닿았다. 그 강변 호텔에서 여장을 풀었다.

요행히 둥근달이 휘영청 떠오른 콜로라도의 밤. 작은 배 위에 몸을 싣고, 로키에서부터 발원하여 거대한 협곡을 향해 흘러가고 있는 강물의 정적을 음미했다. 무겁게 가라앉은 우주의 적막, 아름다운 콜로라도의 달빛이 물결에 어리었다.

기차를 타고 횡단하다가, 버스로 갈아타기도 하면서 애리조나 북부의 그랜드 캐니언에 당도했다. 차마 몫이 따로 정해져 있었기에 지갑 속에 숨겨둔 천 달러를 헐어 쓰지는 못했다.

서울에 도착한 직후 짐짓 그녀로부터 걸려 온 전화를 받았다. 어찌 된 일이었냐고? 전화 오기만을 계속 기다리고 있었다는데. 아이러니하게도 명확히 나의 일정을 꿰고 있었다는 증표가 아닌가. 귀국하자마자 전화가 걸려 온 것은.

내가 미처 헤아리지 못하였었다. 거기까지는….

손님으로 먼 고국에서부터 찾아오는 옛 친구를 그가 흔연히 맞이할 수 있는 정황이 도저히 되어 있지 못했을 수도 있었으리라는 현실을.

그로부터 십 년 세월이 또 흘렀다. 오늘 나는 친구의

전화를 오랜만에 기다린다. 잠시 그녀가 서울에 와 있다. 이제쯤은 그날의 비하인드 스토리를 조금은 수다스럽게 떠들어대도 무방하리라.

그대에게로 향한 나의 소소한 정이었다고. 그 마음을 꼭 전해주고만 싶었던. 그래서 더 미국으로 날아갔는지도 몰랐을.

우리 모두 이제는 전직이 되어 있다. 이따금 떠오르는 건 현직이었을 적 직장이라는 운명 공동체에 묶여 있었던, 오랜 날들 서로에게 적응하면서 정들어 갔을 지기들의 얼굴. 하이힐 높이만큼 콧대가 높았던 날들의 활달함과 먼 여행으로의 추억.

궁색한 시간을 머리 굴려 쪼개어 가며 밤 비행기를 타고 훨훨 지구를 날았던 이방異邦의 풍경들이 덧달려 사무치도록 그립다. 시니어의 우수 속에서 유독 그 한 장만이 반짝반짝 빛이 난다, 돌이켜보면 그때가 우리 인생에서 가장 찬란한 젊은 날의 초상이었으리.

시애틀에서, 서울에서 우리는 또 그렇게 각자의 노을을 바라다본다. 카톡 편지로 안부나 가끔가다 묻고 헤아리면서.

친구여!

이 밤 근심 없이 잠들었는가. 오늘 그대는 안락한가? 이곳이 한낮일 때 거긴 어둠이 깃들고 그곳이 낮일 때는 여긴 새벽이 튼다. 혼자일지라도 씩씩하기를. 그리고 아름다운 시애틀 에버그린evergreen의 밤이 오래도록 지속되길, 친구야.

유럽의 향수

코로나 팬데믹으로 삶이 갇히면서 여행의 추억이 아스라하다. 안개처럼, 마치 전생의 흔적이었던 듯 아련히 멀어진 이국의 하늘 밑, 그 풍광들. 다시는 울 밖으로 빠져나가지 못할 것만 같은 울적함으로 정신은 맥없이 늘어져 있다.

살아오는 동안에 오십여 나라의 국경선을 밟고 또 넘었다. 지금이야 해외여행이 일상화가 되었지만 불과 삼십여 년 전만 해도 해외로 나가는 여행은 문자 그대로의 로망이었다.

분당에 제대로 된 집 한 채를 장만한 직후부터 나는 유럽으로 눈길을 돌렸던 것 같다. 첩첩 잠재해 있었던 문화적 욕구의 분출이었을 것이다. 유럽 여행은 실로 오랫동안 그려 온 추상으로의 입장이요 동경의 나래였다. 내재된 세계화의 작업과도 같았던.

　방학이 없는 직종인지라 일주일 휴가에다 명절 연휴, 주말까지 억지로 꿰어서 붙이며 밤 비행기를 타곤 했다. 막상 여행 중 보다도 여행을 기획하고 여권을 들여다보며 궁리하던 여행 전의 과정들이 훨씬 더 설레고 들떴음은 물론이다.

　젊었던 시절이라 내핍이 필요했고 또 절약이 몸에 배어 있었으나 여행비만큼은 가로 밖에 두었다. 미지의 하늘을 향해서 훨훨 날고 싶은 집시의 꿈, 중세의 어느 성곽으로 날아가 무한정 미로를 헤매고 싶었던 방랑의 끼가 분출된 해외여행은 소비가 아닌 되려 돈을 버는 행위라고 믿고 싶었다. 젊었던 날의 내가 나에게 그렇게 세뇌를 시킨 것 같기도 하다.

　지극히 아껴 쓰며 생활했으니 내게도 여행비는 분명 출혈을 요한 거금이었다. 허면서도 캐리어를 꾸릴 때부터 심장이 팔딱거린 엔도르핀의 유혹을 그 무엇으로 대체할 수가 있었겠는가. 차라리 가난하고 말지. 멋과 갈망에 부풀어 오른 계절이었다.

그 시절 사람들은 해외여행, 하면 기껏해야 동남아를 생각했는데 나는 초장부터 유럽으로 날았다. 살아본 적도 없는 낯선 문명이건만 왜 그리도 그곳 공기가 사무치게 그리웠는지 모른다. 첫 해외여행에 이어 두 번째도, 세 번째도 연거푸 유럽으로만 날아갔다.

빙하에 덮인 알프스가 신비로웠고 중세의 패턴이 잔재한 유럽의 구도심에 한없이 정이 끌렸다. 빈티지 그 자체인 닳고 닳은 잔돌이 박힌 오랜 문명의 이끼 같은 골목길들. 거기 좁은 길목에서 마주친 상호 대신 걸린 높은음자리표나 포크 같은 간판들이 신선하고도 이채로웠다.

발길 닿는 곳이면 널려있는 누구누구의 생가. 그런 기념관들은 또 얼마나 서구적인 감성과 지적 상상력을 자극했던가. 유럽 특유의 나지막한 자주색 지붕들도 왠지 모를 노스탤지어를 느끼게 했다.

여행지에서 나의 철칙은 노트를 지니지 않는 것. 사진도 거의는 찍지 않았다. 앙증맞은 소형 라이카 카메라를 목에 걸고는 있었지만 일종의 경험철학이랄까. 필름 속에 담아두려는 욕심으로 오로지 메모라는 관성에 이끌려서 두 번 다시는 못 볼지도 모를 전망을 하나도 놓치고 싶지 않았다. '적지 말자'가 그때 나의 다짐이었으니.

오로지 눈의 눈 속에, 심장 속에다 박아 두고 싶었다. 지나가는 풍경들도, 그 순간에 번뜩이며 떠오른 영감도. 한참의 세월이 흘러갔는데도 그날들의 오감이 새파랗게 재생되는 걸 보면 골수에 새겨둔 저장법이 꾀나 쓸모가 있었나 보다.

비록 통장의 잔고는 더 얇아졌을 것이다. 그래도 여행비로 내다 바친 지출은 분명 의식의 지평을 넓혀주었고 지성의 확장성이라는 유산으로 상속이 되어 마르지 않는 서정의 샘이 되고 있다.

여로에서는 어마어마한 박물관이나 유명한 음악당, 특히 동굴 같은 데 들어가는 걸 나는 좋아하지 않는다. 루브르나 대영박물관, 파리의 카타콤바, 바티칸 성 베드로 대성전, 상트페테르부르크의 에르미타주 겨울궁전 같은 거대한 박물관의 유적과 보물을 견학처럼 휘휘 둘러보기는 했으나 그럴 때마다 몹시도 어지럽고 피곤했다.

오히려 그 안에 갇혀있는 황금 옥좌보다는 영원을 향해서 도도한 역사의 물줄기로 흘러가고 있는 네바강과 템즈나 센강, 별빛 푸른 도나우의 밤, 다뉴브와 라인강변을 거슬러 가며 어떤 상념도 배제한 채로 원시의 언어들과 맞닥뜨린 순간이 더 깊은 감동을 안겨주었다. 무엇보다도 끝없이 피어오른 영감과 사색에 잠겨 유영할 수가 있었다.

그런 무위가 더 우주적인 지평에 닿아 있었다. 한겨울의 알프스 설원에 둥실 떠오른 보름달님! 천지가 새하얀 눈 속에 파묻혔던 정적 깃든 제네바의 밤거리를 배회한 것도 유랑의 암호였으리.

크리스마스 시즌이 되면 낮게 내려앉은 유럽의 하늘이 저리도록 그립다. 가까운 곳에 두고도 눈물짓는 고향의 하늘 밑처럼 향수로 심장이 두근거린다. 거리의 쇼윈도마다, 호텔 로비마다 화려하게 피어있었던 붉은 포인세티아의 향연. 브뤼셀 왕궁 앞 광장에 별빛처럼 줄지어서 반짝거리던 크리스마스 마켓을 다시 한번 기웃거려 보고 싶다.

블레드 호수의 추억

 그곳에 다시 한번 가볼 수가 있을까?
 여행하고 있던 현장인데도 마치 과거의 행장처럼 회상에 젖도록 만들었던 유럽의 곳곳들. 이제 다시는 그 하늘로 날아가지 못할지도 모른다. 비행기의 안락한 퍼스트 클래스가 예약된 게 아니고서는. 더는 나설 수가 없는 회로라면 전생의 기억이나 뭣이 다르랴.
 유럽은 아름답다. 역사와 전통이 살아서 숨 쉬고 움직이는 곳곳의 영역이 아름다웠다. 그래도 신비롭기로는 알프스의 녹색 진주라는 슬로베니아 블레드 호수의 물빛에 견줄 수는 없으리라. 요정이 살포시 다가와 손을 슬쩍 잡아줄 것만 같았던 호수를 건너가 닿은 블레드 섬의 뾰족 첨탑 성모마리아 성당.

가히 천상적인 아름다움이었다. 거대한 알프스산맥이 마침표를 찍고 내려앉은 자리에 빙하수로 녹아내린 수정 같은 호수는 동화 속 신화를 품고 있었다.

블레드 선착장에서 건장한 보트맨이 노를 젓는 슬로베니아의 전통적인 나룻배 플레트나pletna를 타고 잔잔한 호수를 건너갔다. 천국의 계단처럼 아흔아홉 개라는 아득히 가파른 절벽을 숨이 멎을 듯 헐떡이며 오르고서야 마주할 수가 있었던 성모마리아 성상. 그 앞에서 고개를 숙였다. 동방에서부터 여기 닿기까지의 긴 여정에 감사드리고픈 마음을 모아서.

그리고 이 성소의 종탑에서부터 지상으로 길게 늘어뜨려진 밧줄을 잡아당기며 가슴속의 염원을 빌었다. 자연보호를 위해 오직 스물세 대만이 운행되고 있다는 블레드 호수의 플레트나는 그 기원이 1590년까지로 거슬러 올라간다.

블레드 섬에 별장을 두었던 18세기 합스부르크 왕가를 상속받은 마리아 테레지아 여제. 유럽의 어머니로 불린 그 귀하신 몸도 이 작은 배에다 성체를 싣고 블레드의 푸른 물을 건너갔을 것이다.

발칸의 진주 슬로베니아를 떠나 아드리아해 연안의 몬테네그로에 당도했다. 인구래야 고작 63만 명에 불과하다는 유럽의 미소한 소국. 바위산이 철벽처럼 빙 둘러쳐진 성안에는 중세의 그날들처럼 지금도 여전히 사람들이 살고 있다.

치고 뺏는 영토 싸움이 잦았던 중세기에는 매우 험난한 요새였을 것 같은 성안 성당으로 발길을 옮겼다. 검은 긴 수단을 입고 수염을 기른 사제를 보니 동방정교회 분위기가 물씬 풍긴다. 반짝거리는 스테인드글라스에 눈을 한참이나 팔다가 성물방에서 조그만 이콘 하나를 골랐다. 성화의 원류가 동방정교회인데 채색이 약간 어두운 풍이 아주 마음에 들었다.

십여 일간의 일정이었는데 여행이 막을 향해 내려지고 있었다. 내일은 입국하는데 아직도 경계가 삼엄하다는 알바니아로 가는 국경을 넘을 것이다. 오늘 밤은 호수 같은 아드리아해의 바닷가 작은 호텔에 여장을 풀었다.

이름처럼 서정적인 내해로 파도가 거의 일지 않는다는 물색 파랗고 잔잔한 아드리아해 해변을 걸으려고 새벽에 일어나서 부지런 떨어가며 나왔다. 바다로 면한 호텔 뒷문 쪽의 마당으로 나서니 당산나무처럼 우람하게 서 있는 올리브 나무가 앞을 턱하니 막아선다. 뜰을 온통 차지하고 있는 고목의 올리브나무가 경이로웠다. 단 한 그루만으로도 능히 숲을 이루었던 열매 그득히 매달린 오, 푸른 감람나무 숲!

색의 미학

 색色의 이미지는 그 함의가 무궁무진하다. 빨강, 파랑, 노랑 같은 단순 색상의 구분을 넘어 '색깔 있는 여자'의 비유가 내포하는바 같이 어떤 특정 개체의 비의를 암시하는 의미소로 작용하기도 한다.

 흑인, 백인, 황인종은 같은 인류지만 형질을 가르는 유전의 배경에 의해 피부 색깔과 형체를 달리한다. 어쩌면 색은 종種의 기원학적 측면에서 생체의 본질적인 요소를 결정짓는 최초 입자일 것이다.

 색을 쓰기 좋아하는 민족성 때문일까? 하다 하다 우리 사회는 서로 다른 이념의 잣대로 색깔론이 난무한다. 큰 선거 후에는 어김없이 당색이 바뀌고 넥타이 색깔이 달라지는 이유. 이제 색깔은 원초적 상대성을 의미하는 기호화가 되어 있다.

어려서부터 나는 유난스럽도록 명료한 걸 좋아했다. 조심성 많은 소심한 성격 탓에 웬만해선 대놓고 호불호를 들어내진 않으나 속으로는 예스, 노가 분명하여 대찬 구석이 있었다. 그러니 흐지부지, 흐리멍덩 이런 단상을 아주 싫어했다. 유년의 기억이 아스라이 떠오른다.

내가 다닌 초교는 사범부속학교다. 교육대학의 전신인 옛 사범부속초등학교. 남녀 학생 딱 한 반씩만을 뽑은 부속학교는 초교임에도 시험을 치르고 합격해야만 입학할 수가 있었기에 경쟁률이 아주 높았다. 누구나 다 들어가진 못한 학교였다. 내가 거쳐 간 초등부터 대학원에 이르기까지 옛 공주사범부속국민학교는 그중에 제일가는 명문이었다.

당시 한 학년의 두 학기에 걸쳐 2개월씩 사범학교 3학년생들이 교생실습을 나왔다. 문자 그대로 초등학교 교사가 될 연습을 하려고 부속학교로 실습을 나온 것이다. 교생들은 몇 명씩 학생을 담당해서 지도했는데 주로 일기장이나 시험지를 검토하고 채점하는 일을 도맡아 했다.

볼펜이 없었던 그 시절은 펜촉에다 붉은색 잉크를 찍

어서 동그라미 점수를 매겼고 한 개에 20점, 다섯 개는 100점짜리다. 여섯 살 입학생에 약질이고 발육 상태도 부진하여 초등 내내 나의 성적은 중간치를 넘지 못했다. 그러니 동그라미 다섯 개를 받는 일은 여간해 드물었고 세 개나 네 개가 고작이었다.

한데 그 빈한한 점수인 동그라미 서너 개마저도 희미하게 그려지는 날이 태반이었다. 세 개라도, 두 개라도 선명하게 그려만 주면 좋을 텐데 끝 지점으로 갈수록 동그라미의 선은 숨이 끊어질 듯 말 듯 가늘어졌다.

그때마다 그 흐릿한 점수가 왜 그리도 맘에 걸리고 께름직했는지 모른다. 몇 번이고 망설이다가는 용기를 내어 공책을 들고 담당 교생의 책상 앞으로 찾아갔다. 그리고 머뭇머뭇 기어서 들어가는 소리로 동그라미를 선명하게 그려달라고 부탁했다.

그러면 선생님은 말없이 얼른 펜촉에다 붉은색 잉크를 묻혀 동그라미 선을 따라 다시 짙게 그려주었다. 돌이켜 보면 이게 내 성깔머리의 단초가 아니었을까 싶기도 하다.

나이를 먹어가며 내성화 탓인지 주변과의 관계는 한결 소침해지고 빨강, 검정 같은 개성적인 색상을 선호했던 분명한 취향도 점차 원색에서 이차 색으로 바뀌어 간다. 염치 모르고 내질러 대는 경박함과 튀는 색깔의 시선을 저어하는 까닭이다.

말이 씨가 된다고 한 번 입 밖으로 내뱉은 말이나 글은 다시는 주위 담지 못한다. 때론 그 어문의 파장이 족쇄처럼 나를 옭아매는 사슬이 된다는 걸 적잖이 경험했다. 그러니 말본새, 글의 본새는 가장 적나라한 그 사람의 색깔이다.

이쯤이면 누구라도 단박에 나라는 사람의 품성을 족집게처럼 집어낼 수가 있지 않을까. 모든 사언행위의 족적이 '나'라는 한 개체를 칠해간 색깔로 널려있을 터이기에.

어느 빛깔의 사람일까, 나는? 한데 정작 그걸 아직도 잘 모르겠다.

밤하늘 흐릿하게 발광하는 작디작은 별 하나? 그러고 보니 직장인이었던 날에 나는 '대충'이라는 용어를 죽도록 싫어했다. 아니 의식적으로도 명백히 그 말을 쓰지 않고 살았다. 설렁설렁의 면죄부와도 같은 그 모호함이 정말로 싫었다.

만일 하늘이 푸른빛이 아닌 분홍색이었더라면? 생각

해 본 적 있는가?

　젊은 날 나는 이 문제에 대해 심도 깊은 상념에 빠져든 적이 있다. 저 넓디넓은 광대무변한 창공이, 하루에 백 번도 더 올려다보며 머리에다 이고 사는 저 깊은 태공이 푸른 색깔이 아닌 만일에 분홍빛이었다면?

　단언컨대 이 세상 모든 사람이 다 미쳐서 날뛰는 광란의 무대가 되고도 남았을 것이다. 빛이 분사하는 파장과 진동이 심상에 그만큼 지대한 영향을 끼치는 주체적 에너지원이라는 사실을 잘 알기 때문이다.

　깊고 깊은 바다가 만일 푸른 물결이 아닌 빨간색이었더라면? 아아 상상해 보라. 지구의 7할도 넘는 광대무변한 해양과 강물이 핏빛으로 흐르는 권태를.

　하늘과 바다, 산과 숲이 이완과 평화로움, 무한한 깊이를 선사하는 파란빛이라는 사실은 얼마나 숭고한 창조의 기술인가. 그러니 색色은 곧 우주의 향연이요, 파랑은 우주 만물의 본령이라고 단언할 수가 있는 것이다.

　무지개의 일곱 색 기원은 아우라aura에서 파생되었다. 신비로운 광채, 독특한 품격을 뜻하는 일곱 색의 향연. 하여 '색'을 잘못 쓰면 시쳇말로 쫑 가는 인생이 될 터. 잘만 쓴다면야 후광이 드리우는 법이겠거늘.

시간 속의 존재

 명동 S수녀원의 노비시아noviciat 수련소 강의 시간. 요즘은 입회자가 거의 없다시피 하여 한 해 고작해야 한 명, 때론 해를 걸러서 그 정도라는데 예전엔 매년 이삼십 명이나 되는 청원자들로 수녀원이 북적거렸다. 자연히 수련소의 기강이 날이 서고 엄격했다.

 문자 그대로 노비시아 생활은 생때같은 세속의 인간을 수도자로 개조시키는 수련 과정이다. 눈을 뜨면 잠자리에 들기까지 일상이 바늘 끝처럼 긴장의 연속이었다. 육성을 낼 수 있는 점심과 저녁 식사 후에 잠시 주어진 휴식 시간을 제외하곤 묵언한 대침묵의 일상

 사생결단하고 반질반질 광을 내야지만 직성이 풀리는

아침 청소 시간에도, 그리고 수면에 들기까지 침묵 시간이 이어졌다. 굳이 말이 필요하면 타인에게 방해가 안 되게끔 귀엣말로 소곤거렸다.

침묵을 통한 자기 응시로 잠심에 이를 수가 있고, 그런 내면화가 정화의 오솔길이 되었기 때문이다. 한 마디로 수련기는 세속의 사람을 내적 인간으로 변모시키는 용광로나 다를 게 없었다. 그 간구의 끝에는 언제나 도달하기를 희구한 완덕의 빛이 서려 있었다.

"삶을 무엇이라고 생각합니까?"

로마에서 신학을 공부하고 막 돌아온 선생 수녀님이 질문을 던졌다. 강의실엔 순간 정적이 흘렀다. 뻔한 문제 같은데도 즉답이 튀어나오지 않는 다분히 형이상학적인 주제. 정답을 핀셋처럼 콕 끄집어낼 수만 있다면야 승천하련만….

그 순간 자그마한 몸집의 한 수련자가 손을 번쩍 들며 대답했다.

"시간입니다."
"오, 시간! 맞았어요. 삶이란 시간을 뜻하지요."

"그러면 시간은 무엇을 의미하나요?"

잠시 뜸을 들이면서 선생수녀님이 수련자들을 둘러보았다.

총알처럼 그 수련자가 재차 손을 들었다.

"인생입니다."

솔직히 특출나게 눈에 띄는 예비수녀는 아니었는데 예리한 영혼이었다. 우문현답을 한 치의 오차도 없이 과녁에다 꽂는 순발력이라니. 이날의 강의 시간이 평생 잊히지를 않는다. 화살처럼 심장 한가운데를 관통한 인생과 시간이라는 두 명제가.

칠하다가 접어둔 블루 캔버스처럼 수련소 강의실의 반짝거린 눈망울들이 선연할 때면 얼룩만을 묻히고 돌아선 것 같은 푸르렀던 내 청춘의 고뇌가 생살을 베듯이 아리게 스쳐 간다.

꼭 어제 일만 같은데 아득히도 멀리 날아온 시계 저쪽의 풍경들. 그런데 아직도 아쉽다. 그 쉬운 답안지가 왜 내 입에서는 빛의 속도로 재빨리 튀어나오질 못했을까? 지금도 살짝 끼어드는 미련은 세속의 욕망을 아직도 씻어내지 못한 에고ego의 방증일 터다.

수련원에서 영성신학을 강의한 선생 수녀님은 지극히 사모한 모교의 스승이었다. 영어 교사이며 사서로 도서관을 담당했던 N 수녀님!

한때나마 열심히 영어를 파고든 것도 딴에는 수녀님의 눈에 들고 싶은 자구책이었다. 한다하는 모범생만이 담임의 추천을 받을 수가 있었던 도서위원이 되어 학과 시간 이외의 방과 후에는 언제나 도서관에서 살다시피 한 것도 실은 수녀님께 품은 연심의 발로였다.

유달리 연약한 체구에 두꺼운 안경을 쓰고, 자기 발에는 맞지도 않는 헐거운 구두를 헐떡헐떡 끌고 다닌 우리 영어 수녀님이 내게는 첫사랑이었다. 수녀님의 뒤를 내 눈과 두근거린 심장이 날마다 줄줄 따라다녔으니까.

그렇게 수녀님은 나의 인생 항로이며 모델이었다. 그날의 강의시간 이후로 지우개로는 지워지지 않는 한 줄의 명구가 가슴에 새겨졌다. 늘 되새기곤 하는 이 문구.

'하루라는 날은 하나의 길이기도 하고 나의 인생이기도 하다.'

인간은 시간 속을 걸어가는 존재다. 바로 지금 이 순

간도 채색되고 있는 여로의 흔적이라는 것. 그 결과물을 인생이라고 적는다. 매 순간의 메타포metaphor가 생의 기록물로 녹화되고 있을 것이므로.

"생화학적 개인chemical individuality"이라는 학술용어가 있다. 인간은 본디 고유한 개체라는 것.

구십 대의 노인은 일흔 먹은 후배를 가리켜 젊은 사람이라 이르고, 네 살짜리 아이 눈에 쉰 살 먹은 여자는 영락없이 할머니로 비치는 것. 인간의 뇌에 학습된 연식 개념은 이처럼 다분히 상대성의 원리다.

맘먹기에 따라서 나이를 먹는다고도 한다. 굳이 연식에 얽매이지 않는 긍정 마인드를 갖고 산다면 숫자가 주는 심리적 위축이나 압박쯤이야 건너뛸 수도 있는 장벽이 아닐까. 진정한 노화의 극복은 녹슬지 않는 사유에 기반할 것이니.

지난봄 88세로 타계한 이어령 선생은 눈을 감기까지 집필에서 손을 떼지 않았다고 한다. 세상 이치에 통달했던 그의 천재성은 나이나 세월 따라서 녹슬지도 않았다. 심지어는 죽음이라는 절체절명의 순간마저도 스스로가 지휘하는 오케스트라처럼 정교히 연출한 플래너가 아니었던가.

 고도로 진보된 지성知性인 이 문명인에게 있어 나이는 단지 숫자상의 지표일 뿐. 그는 칙칙한 은둔의 장막 속에 멘탈mental을 가두지 않았기에 냉철한 실존주의자로 생을 마칠 수가 있었다. 마지막 영겁의 찰나도 닳아 없어지지 않은 소울 맨soul men으로서의 저력을 유감없이 발휘하면서.

 죽음을 기억하라는 메멘토 모리memento mori!

 이것은 생전의 이어령 박사가 시계추처럼 실존에 관한 물음을 반복한 가운데 마침내 지성의 종착지인 영성의 바다에 이른 위대한 철인의 느낌표였다.

 죽음, 미지의 운명! 아모르파티amor fati는 환희인가, 절규인가.

2부

바다가 노래했다

바다의 노래

 혼자 떠난 여행, 작은 캐리어 하나만을 끌고 나선 길이었다. 가방 속에는 갈아입을 간편한 옷과 두 권의 책, 노트를 넣었다. 그리고 햇반 열 개, 라면 다섯 개, 장조림이 조금 들어있었다.

 나의 작가 인생의 분기점이 되었을 대하소설을 출간하고 몹시도 지쳐있던 삼 년 전의 가을날, 이른바 한 달 살이 여정으로 맘먹고 집을 나섰다. 그때 나는 서귀포 최남단 구석진 펜션에서 묵고 있었다. 식당도 민가도 멀리에 떨어진 어느 화가의 집, 삼 층 방이었다.

 거의 탈진 상태였던 심신은 휴식이 필요했다. "보약이라도 지어 먹지. 비타민 칵테일 링거를 맞으면 몸이 반짝하던데." 걱정해 준 주변이 있었지만 그게 비록 피가 되는 보약일지라도 약 먹고 주사 맞고, 그런 절차들이 번거롭기 짝없어 나 스스로 내린 처방은 조금 달랐다.

일단은 길 위의 여행자가 되고 싶었다. 눕고 싶으면 종일이라도 드러누워 게으름이 늘어간 타성에서 툭툭 털고 일어나야만 했다. 원기를 회복시킬 처방전이 실은 보약이 아닌 내적 정화에 있다는 걸 나는 잘 알고 있었다.

바다! 출렁대는 바다가 나를 손짓했다. 언제나 그리운 내 영혼의 피안, 그 바다가 자꾸만 나를 부르고 있었다. 굳이 고적한 데를 찾아 떠나는 여행이라면 내 집만 한 곳이 세상에 또 없을 것이다. 우리 집은 소란이 없으니. 그러나 집은 익숙하고 안락한 장소일 뿐, 토굴은 아니다. 치유를 위해서는 집이라는 정형화된 공간을 떠날 필요가 있었다.

우주의 민낯이 보고 싶고 우주의 숨소리가 듣고 싶었다. 그럴 땐 혼자여야 한다. 고독을 훼방하는 그 무슨 위안도 나태의 실마리가 돼줄 따름이다. 그리고 중요한 또 한 가지, 배부른 포만의 유혹에서 벗어나는 일. 위장은 신을 갈구하는 사막의 은수자처럼 날마다 비어 있어야 한다. 허기가 질 때 눈빛은 총기가 어리었다.

눈앞의 풍경이라곤 끝없이 펼쳐진 바다. 바닷물만이 출렁이는 곳. 때맞춰 몰아친 태풍 '찬투Chanthu'로 하여 짙은 해무에 가려진 바다는 날마다 무섭도록 요동치며 원시의 거친 숨을 토해냈다 그 모양이 바다가 흐느껴 우는 소리로 들렸다. 해안의 야자수 잎들도 몸통을 뒤틀어 가며 긴 머리채를 산발한 채로 울부짖었다.

통창 안에서 온종일 바다만을 응시한 지 십여 일이 흘러갔다. 어느 사이 나는 백이십여 편의 시를 쓰고 있었다. 시를 쓸 요량으로 거기에 간 게 아니었는데. 아니, 머리도 비울 겸 후속 장편을 구상하려고 떠난 길이었건만. 계획했던 소설은 물 건너가고 대학노트 한 권이 시의 문장으로 빽빽이 채워져 갔다.

정말 예상한 일이 아니었는데. 종일 줄줄 쏟아져 내리는 시poetry의 파편을 나는 줍고 있었다. 시의 언어가 내게로 와 손을 잡아주고 있는 듯이 여겨졌다.

십여 년간 나는 글을 거의 쓰지 못했다. 왜 그랬냐고, 묻는다면 딱히 대답할 말이 떠오르지 않는다. 그 시간에 대해서는 어떤 말을 갖다 대도 구차한 변명이 될 뿐. 많이 자책했고 침울했으며 방황했다.

차마 허송세월이었다고 말하지는 않으리라. 그건 칼날로 손끝을 베인 쓰라림이니까. 생의 음험한 터널 속에 갇혀 나라는 존재는 보이지 않는데 음울한 시간만이 나를 빤히 바라보고 있었다. 시간은 어서 오라, 나를 기다려 주고 있었지만 나는 거기로 건너가지 못했다. 이 모든 곡절은 절필했던, 실로 오랜 날들의 슬픔에 대한 푸른 비망록일 것이다.

길고도 서글픈 권태의 늪을 헤집고 나올 즈음, 내 심장은 불꽃이 되어 엷게 타오르고 있었다. 흡사 문신文神이 걸린 사람처럼 열에 들떴다. 글을 대면하고 골방에 나를 가둔 지 육 개월여 만에 원고지 2,400매의 장편을 방아쇠 당기며 써 내려갔다. 한풀이 굿판처럼 소설이라는 연인에게로 빨려들었다.

숨소리도 들리지 않았다. 밤낮이 따로 없었다. 다만 연명할 만큼의 먹이만을 삼키며 글과 씨름했던 것 같다. 문장에 미쳐있던 그날, 내 두 눈은 희부옇게 곪아갔는데 눈동자는 광인처럼 빛났다는 것, 그걸 나 자신이 느끼고 있었다는 점이다. 그날들의 기염은 사실상 작가로 입문하는 좁은 문이었다. 등단 삼십 년 만에 기적처럼 타오른 불꽃이었던.

혼이 빠져 소진되도록 써 내려간 역사 소설 원고는 『구름재의 집』으로 출간되었다.

　새벽부터 무심히 바다를 쳐다보고 있자니 어느 순간 몹시도 배가 고팠다. 햇반 하나를 데워 반을 먹고 반은 남겨 두었다. 그리고 뒤돌아서 거울을 보았는데 내 눈에 파랗게 바닷물이 들어 있었다. 얼마나 깜짝 놀랐는지 거울을 놓칠 뻔했다. 새파랗게 물이 들어버린 내 눈동자!
　아, 시의 여신이 폭풍우 몰아치는 바닷길을 지나가다가 내 심장에 돋은 붉은 열꽃을 세어 보고는 놀랐나 보다. 모른 척 놔두고 지나가면 열꽃으로 온몸이 타버려서 재가 될까 보아, 그게 걱정이 되어 그녀가 불꽃마다 아롱아롱 시의 꽃을 매달아 주고 갔나 보다.
　내가 열꽃에 타서 죽을까 봐. 시의 여신이···.

반월

 달빛 고고히 어리는 반월도. 섬 모양이 반달 형상을 닮았다고 하여 붙여진 전남 신안군의 외진 바닷가. 거기 보랏빛 파도가 일렁이는 반월도에는 한 늙으신 노모가 살고 있었다. 이 땅 누군가의 어머니로 불리었을 할머니다. 이제 와 과거형을 쓰는 까닭은 그 섬에 아직도 그 어머니가 살고 계시는지를 알 수가 없기 때문이다.
 리모컨을 돌리다가 우연히 시선이 고정된 TV 속 정경이었다. 꽤 오래전에 무심코 빨려 들어갔던 영상이라 이야기 줄거리가 세세히 잡히지는 않는다. 다만 섬 전체가 보라보라한 환영처럼 아련했었다는 것. 그 퍼플섬의 풍광이 이국적 감성을 풍기고 있었다는 점이다.

어머 저기가 우리나라야? 호기심에 빨려들만큼 장면들이 정답고 신선했다. 아다지오의 낮고 느릿한 템포로 투사된 섬의 전경이 퍽 다정히 느껴져서 내 마음속의 풍금 소리 같은 울림을 주었다.

전형적인 사빈해안으로 널따란 간척지가 조성된 온화한 기후의 반월도. 그곳에는 아흔일곱 살 잡수신 한 노인이 살고 있었다. 그 할머니에게는 팔 남매나 되는 자식들이 있었고. 그렇건만 어촌의 말끔한 양철 지붕 밑에는 오직 늙은 어머니만이 홀로 살고 계셨다.

처녀처럼 수줍게 보라색 니트를 차려입은 단아한 모습의 할머니. 나의 시선이 머문 이 한 장의 컷은 온몸이 주름투성이로 쪼글쪼글해진 늙은 어머니가 반야심경을 열심히 외는 장면이었다. 여기저기에 흩어져 살아갈 당신 품 밖의 자식들을 생각하며 밤낮없이 염주 알을 닳고 닳도록 굴리는 모정.

육신은 오그라들어 등이 굽었고, 주름진 노모의 얼굴과 손등은 절로 영고성쇠를 떠올리게 하여주었다. 그런 어머니가 어디선가 이제는 같이 늙어가고 있을 당신 자식들의 이름을 하나하나 불러가며 빌고 또 빌고 있는 반야심경의 비원.

그 간절한 염력은 깜깜한 밤하늘에서 지상으로 빛을 뿌리는 반달의 행로만큼이나 숙연하게 느껴졌다. 구슬프게까지 보이는 모성이 지상에서 마지막으로 완성해 가는 한 장의 이콘처럼 성스러움마저 느끼도록 했다.

보랏빛 환상에 젖어 떠 있는 반월도. 옹기종기 붙어 있는 마을의 지붕도 보라색, 섬 주민들이 하나같이 입고 다니는 점퍼도 양말도 우산도 심지어는 찻집의 테이블과 의자까지도 앵글에 비친 시야의 모든 게 보랏빛 일색이었다.

반월도로 건너가는 바다 위 퍼플교도, 그 다리를 지나자마자 첫 번째로 만나는 매표소도 보라색 페인트가 칠해져 있다. 좁다란 섬 길을 온종일 돌고 돌 셔틀버스도 보라색이다.

장엄하게 연주된 서해 교향곡처럼 저녁노을이 퍼진 반월도의 해안이 붉게, 또 보랏빛 음영으로 물들어 갔다. 퍼플섬 반월도는 퍼플 푸드 콜라비로 덮여 있었다. 그 섬의 상징이 무지개의 끝 색깔 보라의 컨셉인 셈이다.

한여름 퍼플섬에 가면 여행자를 유혹하는 옅은 보라 향의 버들 마편초 바람이 솔솔 코끝을 어지럽힌다고 한다. 학창 시절에 착용했던 교복처럼 동색의 통일감이 주는 안정과 평화로움, 잘난 얼굴도, 모난 심보도 죄다 가려주는 투쟁심이 배제된 보라의 파동. 그것은 그지없이 평이한 단색을 신비스런 이미지로 환치한 반월섬의 요술이었다.

 그날 밤 나는 밤이 새도록 전깃불을 켜놓고 잠이 들었다. 밤새 불을 밝히는 전례는 가슴속에 감동이 물결치는 날이면 절로 행해지곤 하는 케케묵은 나만의 의식이며 가락이었다. 깨어나니 어슴새벽.

 천지가 보랏빛 일색으로 너울댄 꿈속에서 나는 옛 고향 집에 가 있었고 수돗가에는 젊은 날의 어머니가 앉아 계셨다. 얼굴은 희미하고 목소리도 들리지 않았지만 분명 엄마가 그 옛집에 오신 꿈을 꾸었다.

 꿈속에서도 먹먹했던 아이는 보라색 운동화를 신고 있었고. 이부자리 홑청을 꿰매었던 대청마루에는 눈에 익은 반닫이와 주황빛이 감돌았던 아버지의 책상이 거기 그 자리에 그대로 놓여있었다.

 원형을 향해 둥글어져 가는 반달의 이미지는 채움의 미학이다. 더하여 비움의 철학이며 공空이 되는 여백이다. 무엇을 채우고 무엇을 비워야 하는가? 더 채울 수도,

더 비워낼 수도 있는 여백의 여운. 이것이 반월이 상징하는 신비가 아닌가. 저마다의 인생행로가 아닐까 한다.

반월도의 늙으신 그 어머니는 지금쯤은 섬에 아니 계실지도 모르겠다. 하여도 날마다 자식들을 위해서 바친 섬 집 어머니의 낭랑한 반야심경 독경 소리는 보랏빛 염력으로 흐르고 고여서 언제까지나 그 섬을 비춰주는 반월로 떠 있을 것이다.

자식이라는 이름표가 붙여진 이 세상의 모든 아이들을 가호하는 우주의 선한 에너지로 출렁댈 것이다.

이제쯤은 내 어깨의 짐도 내려놓아야 한다. 긴 세월 무의식 속의 자아를 지배해 왔던 집착이라는 허울을 걷어내고 싶다. 남아있는 생의 강물을 사뿐히 건너가기 위해서라도.

내 곁을 스쳐 지나가는 사람들에게 보일 듯 말 듯한 엷은 보랏빛의 인사를 건네며 남은 여정을 지루해하지 않는 것. 반월의 행로처럼 맑은 여백을 비워두고서.

우주의 숲

 3번 국도 갈마터널 인근을 달리고 있었다. 그냥 지나치질 못하고 오늘 밤에도 핸들이 관성처럼 능한재 쪽을 향해 틀어진다. 어쩌다 이 길을 지나갈 때면 반복되는 습관이다. 이루지 못한 옛사랑의 그림자처럼 그리운 능한재, 내 가슴속의 집.

 고작 대문 밖에서 서성이며 낮고 하얀 펜스로 둘러쳐진 담장 안을 기웃거리다가 하염없이 돌아서는 해후지만 마음은 어둑한 냇길을 따라 그 집 앞에 황급히 가서 멈춘다. 산 그림자가 여운을 드리운 을야의 정적 속에 새초롬히 자태를 드러내고 있는 그곳의 집.

 담장을 끼고 이 끝에서 저 끝까지 마치 천 리 길인 양

오갈 때면 왜 그리도 가슴은 두근대는지. 어둠 속에서도 눈에 훤히 잡히는 울안. 내가 손수 그린 서투른 도안으로 목수 둘이서 이틀간이나 공을 들여 제작했던 나지막한 이 대문. 그 틈새에다 눈을 붙이고 집터 구석구석을 빨아들이며 응시하고 있었다.

분명 전생의 처소였으리라. 이제는 아득히 멀어져 간 전설 같은 곳. 내가 머물다 떠난 2층 서재의 불빛이 반딧불이같이 야음을 흔들고 있다. 이 댁 대학원생 따님의 공부 방일 것이다.

휴일에는 은둔자처럼 틀어박혀서 글을 쓰고 사색에 잠겼던 널찍한 2층 마루방. 그 방에는 십수 년간을 끌고 다닌 커다란 나무 책상이 지금도 그 자리를 지키고 있을 것이다. 제 부모님을 따라 처음 내 집을 보러 왔던 날, 그 댁 딸내미가 애교를 부려가며 수선을 떨었었다.

"어머나, 이런 책상에서 공부하면 소원이 없겠어요."

밉지 않은 큰아이의 부심에 나는 그만 마음이 약해지고야 말았다. 어떤 소유물보다도 애착을 갖고 끌고 다닌 책상이었는데도 '그래, 능한재를 너에게 잘 부탁할게', 이런 심정으로 두 눈 딱 감고 분신과도 같은 내 책상을 물려주고 왔었다.

아이처럼 순진해 뵈던 딸내미에게 책상 말고도 노란색 구리로 프레임이 쳐진 바퀴가 달린 앙증맞은 화장대도 덤으로 주고 왔다. 그건 그 아이에게로 향한 내 마음의 선물이었다. 이 집의 새 주인이 될 그녀의 환심을 사 두고도 싶었던.

그뿐인가. 지구의 언저리를 맴돌며 낯선 여행지마다 여로의 흔적으로 한두 개씩 주워다가 깔아 논 잔 돌멩이들의 추억이 굴러다니는 마당 한쪽 수돗가 늙은 단풍나무 그늘. 한없이 고독했던 날에 물을 주고 얼굴을 갖다 비비대며 정을 나누었던 뜰의 나무들을 모두 고스란히 놓고 떠났었다.

이사 가는 걸 알고 나서, 한 그루만 파가게 해달라고 졸라댄 이웃의 간청에도 불구하고 못 들은 척 털끝 하나 건드리지 않은 원형의 뜰을 물려주고 떠나왔었다. 비록 주인은 바뀌어도 능한재는 손상 없는 그대로의 모습으로 언제까지고 존속해 주길 바라는 마음 간절했기 때문이었다.

그새 정원은 더욱 무성해지고 수목들은 키가 쑥쑥 자라서 원시의 숲처럼 가득해졌다. 호젓이 해가 기운 무렵

이면 뜰에 나와 나무들과 교감하고 선한 우주의 기운을 호흡하곤 했던 나만의 숲.

늙은 소나무 등걸에다 가만히 얼굴을 갖다 붙이면 나무는 내게 생멸의 숨소리를 들려주곤 했었지. 저 등이 굽은 소나무는 지금 어둠 속에서 자기를 바라보고 서 있는 이내 마음을 헤아려 주고 있을까.

달빛도 기운 으슥한 대문 밖에 혼령처럼 날아와서 차마 발길을 떼지 못하고 머뭇거리는 옛 주인의 심경을 알아채고는 있으려나, 뜨락의 저 나무들은….

나무들의 비밀을 나는 죄다 꿰고 있는데 오직 나에게서 발원한 이 우주의 숲은 아무런 기척이 없다. 그저 무위뿐.

남편이라는 집

 이따금 남편은 귓전에 대고 속삭인다. "내가 있는 곳이 당신의 집이야"라고.
 때늦은 결혼을 결행한 이후 나에게 집의 의미는 남편이라는 한 남자, 이제 더는 추상이 허용되지 않는 구체적이고도 낯선 실존으로 각인되고 있다. 어느 날 갑자기 대두된 '새집'을 통해서 잃은 것과 얻은 것의 명세표는 극명하다.
 먼저 잃은 것. 나를 존재케 했던 새벽의 명상, 멍때릴 수 있는 자유, 외로울 수 있는 자유, 굶을 수 있는, 울 수 있는, 선해질 수 있는, 방랑의 자유….

남편이라는 집으로 옮겨 와 얻은 것은 산속의 밤에 전깃불을 끄고도 잠들 수가 있게 되었다는 것. 나에게도 철벽같은 보호자가 떡하니 버티고 있다는 것. 핸드폰의 벨 소리가 요란스럽게 울려댄다는 것. 무엇보다 어떤 전속 인격체의 에너지에 접속되어 슬며시 기생하고도 살아질 수가 있게 되었다는 것.

그러고 보니 남편이라는 세속의 집에 안거하면서 잃어간 것은 내 존재의 빛나는 특성이었을 '자유'임을 알겠다. 반대로 획득한 건, 무덤 속 같았던 전원주택의 한밤중에 전깃불을 끄고도 편히 잠드는 횡재, 하루에 몇 번이나 나를 부르는 벨 소리, 감히 꿈꿔보지 못한 철통 보호, 복수 특유의 선민의식….

따져보니 내 존재의 특성인 자유를 저당 잡히고서야 손안에다 넣은 이 신기한 전리품. 이를 통해서 내 삶은 현실의 미학에 익숙해지고 권태로운 질서에도 제법 느슨해져 가는 여유를 발견한다.

낯선 그 평이함이 짜증이 나 어느 날은 생때같은 반발로 응수하지만 그래도 남편은 노련한 조련사처럼 나를 조정하고 길들였다. 별수 없이 남편이라는 항공모함의 주변이나 맴도는 구축함으로써의 항해가 남은 생의 항로가 되지 않을까?

이제 남편은 이 지상에서 나의 집이 되었다. 하루의 일과를 마치고 퇴근하는 고된 저녁이면 시리지 않은 가슴으로 돌아가는 집. 누군가에게 소속되어 그를 기다린다는 평이함이 실상은 얼마나 비범한 행위인지에 대해 매번 감동하고 갈등한다.

공간으로써의 집은 언제나 내 주파수에 완벽하게 호응해 주었다. 그러나 남편이라는 집은 내가 쏘는 주파수에 때로는 반응하고 때론 반발한다. 너그럽게 공감하자면 펄펄 살아 숨 쉬는 생물체이기에 귀결되는 이치일 것이다.

이렇게 뜨거운 피가 내 몸속에서도 돌고 있다는 것. 세상의 소음에 공명하면서 동일 개체로 뒤섞여 흘러가고 있는 이것이야말로 울타리가 넓은 수도생활이 아닌가. 가없는 수행의 길이 아닐까 한다.

이제야말로 공간적 윤회의 닻을 내린 남편이라는 집에 묵으며 느끼는 점은 나는 작아지는데 남편은 점점 부피가 커진다는 사실이다. 그것이 순리가 되는 평범한 일상을 비범하게 바꾸는 숙제가 내게 여전히 주어져 있음을 알고 있다.

서방을 멀리하고 書房遠離

 남편은 저쪽 방에서 요를 깔고 단잠에 빠져 있다. 사우나실처럼 밤새도록 후끈후끈 전기 구들을 지펴놓고. 어찌 저리도 새벽잠을 탐하는 인간인지. 저녁형 인간과 전형적인 새벽형 인간과의 동거는 날이 날마다 한판 힘겨루기를 벌이는 균열의 현장이었다.
 습관처럼 이어진 나의 새벽을 빼앗긴 데는 뒤늦게 저지른 만혼의 덫이 일조했음은 두말할 나위 없겠다. 쉰 살이 갓 넘어 혼인을 결행한 노랑老郎 노처녀의 비장한 행진곡이 그 시초다.
 허니 혼곤히 잠에 빠진 신랑 품을 벗어나 혼자서 고상한 척을 해대며 새벽마다 잠자리를 쏙 빠져나간다면 그 또한 꼴불견. 어느 남편네가 그걸 좋다고 환영하겠는가. 딴에는 가관으로 웃기지 않았겠는가.

　새색시라면 잠결에라도 신랑의 숨소리가 닿는 이부자리 속 가시거리에서 대기조로 머물러야 한다는 일반상식쯤은 나도 익히 숙지한 바다. 낮의 시간은 직장에 꽉 매어진 몸이 그런저런 처지로 새벽까지도 저당을 잡히고 보니 이래저래 신혼 살이 십수 년의 굴레를 이제야 좀 벗어난 느낌이다.

　그런 동안 제대로 된 글 한 줄을 발표하지 못했다. 먹고 숨 쉬는 일만을 겨우 반복했을 뿐, 한 마디로 허송세월했다. 때늦은 결혼은 나의 문학에는 치명적인 독소 조항이었다. 그 누가 뭐라 시비를 걸든지 간에.

"글을 못 쓰는 것이 그의 탓"이라고 핑계를 댄 플라톤처럼 나도 큰 소리로 울분을 터트리며 외치고 싶었다. '내가 글을 한 줄도 못 쓰는 건 다 당신 때문이야!'

　급기야는 더 이상의 업무 수행을 거부하고픈 충동질에서 파생된 작금의 이 우울감. 이 부조화를 초래한 주범이 결국은 다 '그의 탓'이라고 속으로는 얼마나 분통이 터지게 외쳐댔는지 모른다.

그런데 이 새벽, 나의 정신이 깨어나고 있다. 다시금.

영영 퇴기 된 줄로만 알았던 내 안의 맑고 투명한 기운이 폴폴 영감으로 재생되어 새벽 앞에 정좌하도록 이끄는 것이다. 본태적 고유성의 회복이라고나 할까. 나의 영감이 이제야 시차를 극복하고 실눈을 뜨고 있음을 감지한다.

하필이면 닷새나 되는 황금연휴 추석에 지금 나는 독감을 앓고 있다. 며칠간은 구들장이 무너지게 쿨럭거렸다. 아내의 기침 소리에 두 귀를 틀어막고 싶은 심정인지 잠이 많은 그가 놀라 깨어서 면수건을 내 목에다가 칭칭 감아놓고는 다시 나간다. 몸이 아픈데 대체 뭘 하고 있냐? 는 힐난조의 눈총을 던지고.

그 나이의 한국 사람치곤 그래도 신세대연 행세깨나 해온 남자처럼 내 눈에 비치었던 남자. 그런 그의 눈에도 뜬금없이 추석날 꼭두새벽부터 일어나서 열에 들뜬 몸으로 키보드를 정신없이 두들기고 앉아있는 내 몰골이 딴에는 대단히 실없는 여자로 보였나 보다.

한 번도 눈 뜨고 본 적이 없는 아내의 경건한 모습에 속으로는 경외의 정을 금치 못하리라. 자신만이 최고 엘리트 인양 은근 과시성이 농후했던 그의 전적에 미뤄 보건대.

소소한 입 다툼을 기화로 짜증을 있는 대로 부린 며칠 전의 야밤이었다.

'흥, 어디 한 번 너 혼자 잘해 보시게나.' 하는 반항심이 발동하여 얇은 담요 하나만을 챙겨 들고 불기운 없는 건넌방에서 하룻밤을 시위했었다. 그날 오기를 있는 대로 부린 탓으로 그만 고뿔에 제대로 걸려든 빌미가 되었다.

자기 눈에는 철딱서니 하나 없는 사람처럼 비치는 모양인 어린 아내에게 남편은 그렇게도 번질나게 진화된 립서비스를 총동원해 가며 어르고 뺨을 치곤했었다.

"이제 다시는 그러지 말아. 나쁜 버릇은 스스로 깨닫는 게 중요한 거야."

이 한마디 훈수를 놓더니 평상시 그가 내게로 자주 밀어놓곤 했던 쪽지 편지 한 장을 쓱 책상 너머에 건네고 나간다. 네 살 적부터 남산에 있는 서당에 다녔다는 이력으로 자, 이만하면 내 실력이 어떻소? 하는 득의만만한 비웃음을 떨궈놓고서.

書房遠離 서방원리 하고
他房獨宿 타방독숙 하니
冷氣得病 냉기득병 하여
運身不起 운신불기 하다

　오랜만에, 실로 오랜만에 마주한 그리운 이 새벽의 정기. 새벽의 얼굴 앞에서 나는 왜 기껏 타방他房에다 떼어논 서방의 옴니암니를 이리도 구구절절 읊어대야만 하는가.

교회당

 우리 집 지척에 작은 교회당이 있다. 아파트에서 편도 1차선 도로를 껑충 건너면 닿는 산 밑 교회. 노아의 방주보다도 더 큰 교회들이 위세를 떨치는 시류에서 눈 씻고 찾으려 해도 보기 어려울 허름한 예배당이다.

 청계산 자락에 몸을 담고 살아가는 사이, 시야에 들어온 동네교회가 은연중 마음을 잡아끌었다. 소비지상주의 세태에 마치 빛바랜 흑백사진 같은 향수를 자아내주기 때문이었다.

 교회는 회색빛이 감도는 일반 슁글 지붕의 단층집이다. 그 뒤 켠 산밑으로 바짝 붙어 있는 목사관 같은 2층짜리 붉은 벽돌집 한 채가 낮은 교회당을 내려다본다.

종탑도 없는 저 작은 교회가 한적한 동네에 풍경이 되어주고 있다. 비질이 된 말끔한 마당에는 맨드라미와 과꽃이 피어있었고.

늦여름의 어느 날 산책길에 나는 자석에 끌린 쇠붙이 마냥 교회당 안에까지 쑥 들어가 본 적이 있다. 낡은 승용차 한 대가 달랑 주차해 있는 교회 옆집은 산자락 하나를 통째로 차지하고 들어앉아서 부잣집 마님 행세를 하는 정수장이 있다.

작은 호수 같은 수통에는 언제나 물이 철철 채워져 있는데 덕분에 우리 집은 배산임수 전망을 누리고 살았다. 교회로 들어가는 흙길은 연두색 펜스로 정수장과 경계를 긋고 있었다.

장미의 계절 오월이 오면 한적한 이 오솔길은 눈이 부시게 아름답다. 보드랍고 도톰한 꽃잎에 기품이 줄줄 흐르는 색색의 장미꽃이 다투어 피어나기 때문이다. 남몰래 한 송이를 꺾어다가 화병에 꽂아놓고 혼자 아끼며 바라보고 싶은 충동을 억제해야 할 만큼 장미 꽃송이가 탐스럽고 실하다. 향기는 또 어찌 그리도 달콤하고.

한여름 내내 전성기를 구가한 장미는 가을이 깊은 11

월 중순까지도 몇 송이가 제법 튼실하게 피어있었다. 청계마을에 눈이 내리고 성탄절이 다가오는 시즌이면 교회당의 좁은 마당은 크리스마스트리로 화려하게 변신한다. 꼬마전구의 오색 찬란한 별 무리가 어둑한 산 아랫마을에 빛을 뿌려주고 있다.

물안개라도 자욱한 밤중이면 하늘의 이정표처럼 공중에 둥둥 떠 있는 붉은 십자가의 집, 저 교회당. 나는 가끔가다 뒷 베란다에 나가 우두커니 서서 어둠 속에 묻힌 교회를 가만히 내려다보곤 했다.

무슨 신비감에 홀려서? 아니, 그보다는 지척의 저 작은 성소로 향한 조건반사적인 이끌림일 것이다. 어린아이였을 때 지성으로 다닌 동네 예배당에 대한 추억의 한 자락이며 향수일지도 모른다.

살아오는 동안 어떤 거창한 명제보다는 소소한 것들이 주는 감동에 언제나 나는 마음을 빼앗기곤 했다. 천안 논산 간 민자고속도로가 뚫리기 삼십여 년 전만 해도 고향 집 공주에 가려면 차령산맥을 굽이굽이 넘어서 내려갔다.

천안을 지나 국도를 달리다 보면 고갯길로 접어드는 산속의 길. 승용차가 많지 않았던 시절이라 길고 구부러진 산맥을 휘돌아 가는 산길은 언제나 적막강산이었다. 바로 그곳 인적 드문 산중에 아주 조그만 시골교회가 하나 있었다.

서울서 늦게 출발했던 어느 날 한밤중에는 이정표처럼 길동무가 되어준 산중 교회당의 불빛 하나가 얼마나 의지가 되었는지 모른다. 언제나 홀로 운전대를 잡고 길을 나선 처지였기에 산중의 희미한 불빛 하나는 가슴속에 켜진 등불로 온기를 느끼게 해주었다.

출발지에서는 으레 오늘은 산속 교회에 꼭 들렀다가 가야지, 찰떡같이 벼르고 다짐하건만 매번 그대로 산길을 획 지나쳐 내려가고 말았다. 어쩐지 예수님이 나를 기다리고 있을 것만 같이 느껴지곤 했던 산속의 작은 교회당. 마음은 그곳에 들어가 무릎을 꿇고 기도하고 싶었다. 적은 헌금이나마 한 번은 꼭 보태고도 싶은 생각이 굴뚝같았지만 언제나 마음으로만 별렀을 뿐.

그렇다고 내가 어서 빨리 당도하길 학수고대하는 그 누가 있는 것도 아니었다. 쉬지 않고 다급히 달려가야만 하는 무슨 이유가 실은 하나도 없었는데. 무엇에 쫓기는지 강박관념처럼 작동되는 목적지로 향한 조급함이 바퀴를 끝내 멈추도록 가만두지 않았다.

그렇게 잔잔한 것들이 주는 평화를 나는 탐닉했다. 버스를 타고 유럽의 외곽을 달리다 보면 수채화 같은 산간 마을을 지나간다. 그 중심지에는 어김없이 뾰족탑 성당이 보인다. 산마을의 고만고만한 집들 가운데 하나처럼 자연 속에 동화된 자그만 성당을 마주치게 되는 것이다.

그토록 아름다운 풍경을 바라볼 때면 가슴은 알 수 없는 감동으로 출렁거렸다. 신자들보다 엄청 더 큰 부자가 되어 신자들 위에 군림하고 있는 폭군 같은 지상의 무수한 교회들. 이 세상에 난무한 그런 잡다한 교회가 아닌, 거기 산간마을 사람들에게 오래오래 친구가 되고 수호신이 되어 있었을 작은 종탑의 존재 의미가 맑은 종소리처럼 울려온다.

개천이 모여 강물이 되듯 하나의 길로 열린 오늘 하루! 이 하루하루의 날들이 합쳐지면 인생이 되는 것이리라. 언젠가 B 스님이 노란 화선지에다 적어 보낸 글 한마디.

"이 세상은 울타리가 넓은 수도원"이야.
그렇지, 이 세상은 울타리가 넓은 수도원이라 했지.

이제야말로 나는 내 인생에 방종을 허하고 싶다. 지금 이 순간도 심장이 뜨겁게 뛴다. 하나 이 또한 미필적 고의일 뿐. 매 순간 끝없는 비상을 꿈꾸면서도 늘상 제자리나 맴도는 저간의 소심증은 평생을 족쇄처럼 채워놓은 그 말 한마디의 주술이 아니었겠는가.

이 세상은 울타리가 넓은 수도원이라 했던.

마지막 인사

 이 세상에서는 마지막이 될 해후. 시절인연 따라 내게로 왔던 고맙고도 귀한 인연을 떠나보내는 길목에서 그분께 마지막 작별 인사를 고한 것은 영면에 드시기 나흘 전이었다.

 알음알음 회복이 어렵다는 소식을 전해 듣고 있었다. 그러던 어느 날 저녁 무렵, 법정스님이 위독하시다는 전갈을 접했다. 다음 날 아침 곧장 병원으로 향했다. 왠지, 이 주간을 넘기지 못하실 것만 같은 막연한 확신이 엄습했다.

 그날 밤이 깊도록 편지를 썼다. 스님께 보내는 마지막 서신. 지우고 또 지우고 다시 써 내려간 편지! 한 줄 글에 백 가지 상념이 어리었던 원고지 한 장의 그 짧은 편지처럼 쓰기 어려운 글이 다시없었다. 외부인 면회는 일절 사절이라니 뵙지도 못하고 돌아서야 한다면 편지만이라도 전하고 싶었다.

벨라뎃다가 스님을 뵈러 여기에 왔었다고…….

이 한마디 말은 꼭 전해야만 하는 나의 마지막 인사가 될 것이기 때문이다. 수십 통의 편지가 오갔던 인연치고는 실로 오랜만에 다시 쓰는 힘겨운 편지였다.

병원으로 향하던 날은 일요일 아침이었다. 기억 저쪽의 편린이 눈보라처럼 펄펄 휘날렸다. 버스를 타고 내를 건너 앳된 수도자의 신분으로 마주했던 어느 젊었던 날의 해질녘, 산바람만이 넘나드는 적요한 불일암 뜨락에는 우주의 한숨처럼 백목련 꽃잎이 지고 있었다.

언젠가 스님이 내게 이르셨다. "눈에서 멀면 마음에서도 멀어진다"고.

아마도 환속을 앞두고 고뇌하던 때, 마지막 속내를 내비친 바로 그날이었을 것이다.

"수녀로서 성공할 자신이 제겐 없습니다."

물리적인 성공을 뜻한 것은 물론 아니다. 거룩한 완덕에 이를 자신감을 나는 잃어가고 있었다. 그래도 종신서원 5년차의 수녀 입에서 나올 법한 말은 결코 아니었다.

뜻밖의 고백에 너무도 기막히고 어이가 없는지 스님은 깜짝 놀라셨다. 어떻게 해서든 단단히 유감에 빠진 이 여리고 약해빠진 자매를 붙잡아줘야 한다는 신념이 간절한 듯 보였다. 그리고 다음의 말을 위해 "자신은 사람 보는 안목이 매우 정확한 사람"이라는 걸 여러 번 강조했다.

"수도복을 입었다고 다 수녀가 아니고, 승복을 걸쳤다고 다 중이 아니다. 그런데 벨라뎃다 수녀님은 내가 겪어본 사람 중에 드물게 훌륭한 수도자이지. 내 눈은 한 번도 틀린 적이 없어. 이 말을 믿어야만 해요."

재차 삼차 강조하며 환속해서는 안 되는 이유를 열거하셨다. 새장 속에 갇힌 병든 새처럼 제한 없는 자유가 몹시 그리웠다. 영적이고 외적인 모든 억압의 실체를 훨훨 걷어내고 싶었던 무한한 자유에의 동경. 그런 속병을 앓는 젊은 수녀에게는 그 어떤 설득도, 충심도 마이동풍의 상찬에 불과할 뿐.

그래도 저래도 저 고집을 꺾을 수가 없겠다고 판단하

셨는지 스님은,

"바깥세상에 나가서는 사흘도 못 살 사람이 어쩌려고 그러는가?" 하시다가 끝내는 "정 수도복을 벗으려거든 다시는 내 얼굴을 볼 생각도 하지 말아라." 하고 못을 박았다.

그날로부터 눈에서도 마음에서도 멀어진 겹겹의 세월이 흘러갔다. 망망대해를 떠도는 일엽편주가 되어 삼 일도 못 살 것이라는 세상의 격류에 휩쓸리느라 정신을 못 차리고 떠내려갔다. 멀리 끝도 모른 낭떠러지로. 그래도 타인의 눈에 비친 내 겉모습은 언제나 차분했을 것이다.

'세상에서 사흘도 못 살 사람!'이라 낙인을 찍어 논 스님의 책망은 역으로 이 풍진 세상살이의 파고를 넘는 강단이 되어주었다.

세속에서의 부적응은 곧바로 인생의 실패를 의미하기에 그것만은 절대로 용납해선 아니 되는 일! 저주에 빠져 잠든 숲속의 공주처럼 삼 일이 아닌 삼 년 동안을 얼마나 살얼음 위를 딛듯 조심조심 살아냈는지 모른다.

하늘에서 뚝 떨어진 선녀 같은 얼굴로, 부딪치는 모든 게 생전 처음으로 겪는 초긴장 상태의 연속이었다. 몸에 맞지도 않는 옷을 걸친 사람이 어설픈 삶의 현장에서 제

정신을 수습할 도리밖에는 달리 선택의 여지도 없었다.

절체절명의 현실에서 오직 나를 지탱해준 동력은, '이 이상 여기서 더 멀어지면 안 될 것'이라는 부적과도 같았던 어떤 음영 때문이다. 그리고 어디서든 떠나온 곳의 얼굴들과 같은 부류에 속한 인종으로는 살아가야 하지 않겠는가, 하는 매 순간의 자성이었다.

그렇게 성聖에서 속俗으로 떨어진 노상에서의 삶은 모호한 빛깔로 채색되고 있었다. 나는 잘려져 나간 나뭇가지가 되었고 다감했던 인연들로부터 점점 멀어져 갔다. 아니, 나 스스로가 어떤 초상으로부터의 격리를 선택했다고 말하는 게 더 옳을 것이다.

그렇다 하여 삶이 비감했다는 뜻은 결단코 아니다. 비록 성역에서는 되돌아 나왔지만, 아직 가보지 않은 비탈길에는 신기한 꽃들이 지천으로 널려있었다. 그것이 설령 속된 탐닉이라 할지라도 일찍이 수도원이 내게 부여하지 못했던 생의 또 다른 추구임에는 분명하지 않았겠는가.

눈에서 멀리 떨어져 가슴에서도 잊힌 시계에서 나는 점차 세속적인 사람으로 영글어 갔다. 이제는 지면을 통해서나마 안부를 엿듣는 소소한 일상도, 어느 해 불쑥 찾아오셨던 먼 바닷가 집 세심헌에서의 추억도 한낱 신화의 장으로 묻혀갈 것이다. 아직은 살아 있는데 두 번 다시는 볼 수 없을 사람을 만나려고 병원으로 향하고 있는 발걸음이 얼마나 아득했는지 모른다.

  법정스님을 처음 대면한 것은 첫서원을 앞둔 어느 해 여름이었다. 당시 스님은 불멸의 에세이집으로 막 필명을 떨친 유명인사였다. 그때는 봉은사 다래헌에 계셨고 나는 첫서원을 앞두고 명동 본원에서 대피정에 임하고 있던 20대 초반의 앳된 수도자였다.
  그해 한여름 날의 풍경이었으리. 눈에 시린 이 한 장의 흑백사진은⋯.
  수녀원에서는 주기적으로 명사들을 초대하여 강의를 들었다. 수도자들의 영성에 지적 균형감을 함양하려는 배려였을 것이다. 그때 초빙된 외부 인사 가운데서도 법정스님은 단연 획기적이고 이색적인 인물이었다.
  종교 단체라는 건 존립의 명분상 배타적인 요소가 상존하기 마련이다. 20세기 후반의 한국불교와 가톨릭은 소원한 관계였다. 그러나 가톨릭의 대변혁을 천명한 제

2차 바티칸공의회를 계기로 교회 내부에는 변화라는 거센 쇄신의 돌풍이 불기 시작했다.

공의회 구호대로 가톨릭은 이천 년 동안 꽁꽁 닫아 걸은 창문을 활짝 열어젖혔다. 제도의 개선과 타 종교와의 대화, 그와 수반된 개방화의 급물살을 타고 불교계 인사인 법정스님이 수녀원에까지 초빙될 수가 있었던 것이다.

아무려나 언사가 가장 유창한 그룹은 교수 집단이다. 그런데 정작 입담이 유창한 교수들도 수녀원에선 바짝 긴장한다. 수도복 속에서 두 눈만 반짝반짝 빛이 나는 수녀들이 숨소리도 내지 않고 바라보는 연단에 오르면 기가 죽는지 더듬거리기 일쑤였다. 특유의 무거운 분위기에 압도당한 모양이었다.

시절이 그랬으므로 수도원의 공기가 그때는 시종 고요하고 침울하고 엄숙하기도 했다. 한데 생판 처음 대면한 법정스님은 예외적 인물이었다. 수녀원에 승복 차림의 등장만으로도 획기적인데 일거수일투족이 호기심의 대상이란 걸 뻔히 알 텐데도 천연덕스럽기 한량없었다.

일찍이 서구화된 수녀원의 문화와는 사뭇 대조적으로 풀물 빳빳이 먹인 잿빛 장삼에다 흰 고무신을 신은 스님은 수녀들이 까만 구둣발로 따박따박 걸어오는 긴 복도를 휘적휘적 산길처럼 걸어오셨다.

거기에 유난스럽게 밀어붙인 광이 빡빡 나는 맨머리가 어찌나 분심을 줬는지 모른다. 음전한 수녀원의 분위기와는 생판 다른 뉘앙스였기 때문이다. 그런 이질감에도 불구하고 스님은 뻔뻔하리만큼 자기네 절간 마당처럼 유창하고 사변적이었다.

그날 법정스님이 "우리 자매들"이라고 불러준 수녀들에게 꼭 읽어보라며 추천한 신간이 생텍쥐페리의 「어린 왕자」다.

종파를 떠나서 같은 수행의 길에 서 있다는 동질감 때문이었을까? 그 뜨거웠던 여름날의 상면을 계기로 수녀들은 스님이 머무시던 삼성동 봉은사 다래헌을 스스럼없이 방문하곤 했다.

법정스님 역시 어느 글에서인가 "명동의 수녀원과 다래헌이 흡사 자매결연이라도 맺은 것처럼 수녀님들이 자주 찾아 주었다"고 하면서 자매인 수녀들에 대한 각별한 애정을 토로하곤 했다.

이처럼 서로의 처소를 오간 친교가 단순한 내왕으로 그친 것만은 아니다. 한 가지 특기할 사항은 그렇게 다져간 우애로움을 단초로 가톨릭의 수도원과 불교의 수행자들 간에는 보이지 않는 친화와 수평적인 관계가 형성되고 있었다는 점이다. 이러한 우의는 점차 수녀부 간의 만남으로까지 이어진 통로 역할이 되었던 듯싶다.

그것은 이 땅에서 신앙의 자유가 선포된 이래, 실로 한 세기가 넘는 지난한 세월 속에서도 가톨릭이 이뤄내지 못한 다른 종교 간 화합의 장이었다.

우월적인 배타성의 벽을 허물고 한국가톨릭과 불교는 상호 존중의 상생 관계로까지 발전하기에 이른다. 바로 그 한쪽에 '법정'이라는 대단히 심미적이고도 인문학적인 한 수행자의 역할이 숨어 있었음을 부인할 수는 없다.

스님이 입원해 계신 의료원에 도착했으나 예상대로 면회는 사절이었다. 아니 휴일의 한갓진 병원 로비에서 만난 몇 명의 직원들은 스님의 입원 사실조차 모르고 있는 것 같았다.

하기는 병원 측의 배려로 꼭대기 층 특실에 계셨으니 설령 숙지하고는 있었더라도 모종의 지침대로 움직였을 것이다. 주변에는 나보다 먼저 온 어떤 스님이 들어가지 못하고 서성거리고 있었다.

그때 반가운 손님들이 등장했다. 키가 후리후리한 승

녀 세 사람이 로비에 막 들어선 것이다. 한눈에 딱 봐도 송광사 학승들이 분명했다. 법정스님의 체취가 묻어 있는 조계사 송광사로 오르는 산길에서 마주친 스님들의 눈빛은 언제 봐도 맑고 형형했다.

학승들이 모여드는 승보사찰 송광사가 품은 정기 때문이리라.

무사통과인지 그들은 곧장 전용 엘리베이터 쪽으로 거침없이 걸어가고 있었다. 나는 때를 놓칠세라 편지를 내밀며 법정스님께 전해달라고 부탁했다. 그중의 한 분이 같이 올라가자고 끌었지만 동반하지 않았다. 정식으로 문병을 허락받은 처지가 아니기에 결례가 될지 모른다는 조심스러움이 앞을 막았다.

그러더니 곧장 법정스님의 맏상좌로 길상사 주지인 덕조스님으로부터 전화가 걸려 왔다. "벨라뎃다님! 금방 데리러 내려갈 테니 꼼짝 말고 그 자리에 있으세요." 그 말이 채 끝나기도 전에 덕조스님이 로비에 나타나셨다.

그러니까 출가 초입의 상좌일 때 불일암 뜰에서 긴 이야기를 나눈 적이 있었던 덕조스님과도 세월의 뒤안길을 한참이나 돌아와서 다시 만난 해후였다.

때맞춰 잘도 나타나 준 송광사 학승들의 덕분으로, 그

리고 안면 깊은 덕조스님의 배려를 톡톡히 받은 셈이다. 면회를 못 한 채 어슬렁거리던 다른 스님 한 분은 엉겁결에 내 덕을 보았다.

병실로 올라가는 엘리베이터 안에서 덕조스님은 "스님이 정신은 있으세요." 하고 귀띔해 주었다. 사람은 알아볼 수가 있으니 참고하라는 뜻이겠지. 두근대는 심장으로 맞닥뜨린 병상의 하얀 시트 위에 스님이 누워계셨다. 암으로 임종하는 마지막 순간이 그렇듯, 한눈에도 몹시 격한 막바지 통증으로 시달리는 모습이었다.

누가 그리하라고 시킨 것도 아니었다. 스님을 뵙지 않고 살아온 그 덧없는 세월이.

그냥 그래야만 할 것 같았던 시간들. 이렇게 하염없는 세월을 돌아서, 그것도 마지막 길에서야 왜 나는 스님 앞에 서 있는 것인가. 왜 굳이 그래야만 했을까.

내 덕에 상봉이 허용된 문병객 스님은 침상 가까이서 스님의 손도 만져보고 하는데 차마 나는 머리맡에 닿지 못하고 먼발치서 가슴에 두 손을 얹은 채로 스님을 응시하며 서 있을 뿐이었다.

무주공산에 홀로 선 사람처럼 아무런 상념도 일지 않

왔다. 다만 눈길이 마주쳤을 때, 그 순간 스님 얼굴에 엷은 미소가 스쳐 간 듯도 하다.

아아 벨라뎃다! 벨라뎃다가 와주었구먼. 그렇게 알아봐 주셨을 것이다.

평소에 스님이 던진 조크처럼 '실물 대조'로 끝이 나 버린 이 세상에서의 마지막 상봉은 그렇게 막을 내렸다. 눈 속에다, 가슴속에다만 상념을 깔았을 뿐, 한마디 말도 하지 못하고 돌아선 해후였다.

"너무 가슴 아파하지 마세요."

엘리베이터를 타고 다시 내려오면서 덕조스님이 내게 건넨 위로의 말이다.

'너무 가슴 아파하지 마요….'

스님 목소리가 들리는 듯했다. 그리고 언젠가 길상사 절간 문에 기대서서 멀어져 가는 벨라뎃다의 뒷모습을 배웅해 주었을 때, 휙 뒤돌아본 나에게 마지막으로 스님이 손을 저으며 당부했던 그 말 한마디, 그 한마디 음성이 환청처럼 귓전을 맴돌았다.

"그래도 가끔은 성당에 나가…."

'네. 이 세상에서는 이제 스님을 마지막 뵌 것으로 알겠습니다.'

나는 곁에 서 있는 덕조스님에게 대답했다. 처음 불일암으로 오르는 개울을 건너가던 때, 손을 내밀어 잡아주신 날이 있었고 마지막 그분의 실존을 가슴에 다시 담을 수 있었던 날, 그것이 그분과 인연의 시작점이었으며 끝이었다.

그로부터 이틀 후 법정스님은 의료원에서 길상사로 옮겨가셨다. 그리고 다시 이틀이 지나고 그 주간 목요일 법정스님이 열반에 드셨다.

투가리스트 주교님

 투가리스트는 로마의 주교이신 유흥식 추기경의 소싯적 별명이다. 정확히는 추기경님이 논산 대건고등학교 학생일 때, 촌수가 누이 벌쯤 되는 쌘뽈여고 기숙사생들에 의해 붙여진 애칭. 본인도 아마 이런 사연쯤은 심중에 꿰고 있을 터이다.

 쌘뽈여중고St.Paul는 샬트르성바오로수도회 재단의 가톨릭 미션스쿨이다. 한 지역, 같은 동네에서 대건고와 쌘뽈 두 학교는 마치 오누이 비스름한 유대감으로 관계가 살짝 돈독했다.

 유흥식 추기경님 얼굴은 하회탈의 양반을 빼닮았다. 한창때는 얼굴에 여드름이 숭숭 났었는데 그 모양새가 울퉁불퉁하게 생긴 투가리와 같다 해서 짓궂은 기숙사생들이 맘대로 갖다 붙인 별명이었다. 투가리스트라고.

언제 봐도 얼굴의 온 근육이 통 크게 히죽히죽 웃고 있었던 투가리스트! 그의 옆에는 그와는 정반대 분위기를 풍긴 샌님 같은 반듯하고 곱상하게 생긴 범생이 오빠가 그림자처럼 언제나 함께 등장하곤 했었다.

그 학급의 반장 오빠라나 뭐라나. 아무튼 바늘과 실처럼 두 사람은 늘상 세트로 움직였는데 참말로 영 안 어울림표 2인조 그룹이었다. 그리고 이들의 담임으로 대건고등학교 가톨릭 학생회를 이끈 올드미스터 교사가 있었고 별명은 권총이다. 권씨 성에 단단하다 못해 빡빡한 체구로 꾀나 독특한 인상파였던 인문지리, 세계사 선생님에게 제자들이 붙인 별명이었으리라.

후에 이 '권총'은 일말의 양심도 없는지 나이 어린 미녀였던 쌘뽈의 딸과 전격 웨딩마치를 올렸다. 당시 이 사건은 지역사회에 매우 충격적인 뉴스거리가 되었다. 상상치 못한 전개였기에 말이다. 여학생과 오누이지간 남학교 총각 선생님의 결혼으로 제자급의 쌘뽈여고생은 졸업식을 마친 다음 날로 그 유명한 권총에게 확 채어버렸다. 그녀는 나의 두 학년 위 선배다.

오월의 성모성월이나 성탄 대축일, 교구장의 사목 방문 같은 본당에 무슨 무슨 행사 일정이라도 잡히면 대건과 쌘뽈 두 가톨릭 학생회는 몇 날 며칠을 두고 방과 후에 함께 모이곤 했었다.

쌘뽈의 교정이며 부창동성당이 자리한 루르드 성모 동굴 옆의 작은 강당에서 주로 행사 진행을 위한 성가 연습을 열심히 했다. 대건과 쌘뽈 가톨릭 학생회가 권총의 결혼식 축가를 진 빠지도록 연습해서 불렀던 생각이 난다. 그 내외분이 오래 해로하신다고 하니 아마도 천생연분이었지 싶다.

대건고를 졸업한 투가리스트 오빠가 전격 신학교에 입학했다는 사실 역시도 예상을 뛰어넘는 충격적인 도발로 여겨졌었다. 그 옆의 언제나 고상하고 반듯해 보인 모범생 오빠였다면 혹 몰랐겠지만.

이후 가톨릭대학교 신학생이 된 투가리스트 오빠는 로마로 유학을 떠났고 바티칸에서 사제서품을 받았다. 급기야는 주교님이 되어 고향의 교구를 총괄하는 대전교구장으로 부임하셨다. 그때도 어머머, 하는 탄성이 입에서 절로 튀어나왔다. 가슴 뭉클한 감회로 웃음 끝이 얼마나 길었는지 모른다.

그러던 게 엊그제 일인데, 2021년 프란시스코 교황님에 의해 대주교로 임명되고 로마 교황청 성직자성 장관으로 서임 되었다는 뉴스가 전해졌다. 성직자성은 세계 가톨릭 각 교구의 사제와 부제의 사목활동과 영성을 총괄, 지원하는 교황청의 핵심 부처다.

연이어 이듬해, 교황의 초스피드 임명장을 수여받고 마침내 투가리스트 대주교님은 추기경으로 승품되었다. 성직자로서의 그의 여정은 고속버스도 KTX도 아닌 에어플레인의 전속력으로 날아갔을 것이다.

짓궂은 선배로 오랜 세월 각인되어 있는 투가리스트 오빠. 여드름 숭숭했던 고교생 때의 그 얼굴. 함지박만 한 그 큰 웃음이 아직도 눈에 선한 추기경님의 학창 시절 모습이다. 그의 투가리스트 내력을 훤히 다 꾀는 나로서는 참말로 감개무량이 아닐 수 없었다.

부언하자면 그때 2인조의 다른 멤버로 투가리스트 추기경님과는 아마도 평생 동지일 그 범생이 오빠! 그는 이제쯤은 명예교수라는 훈장을 달고 경건히 여생을 관조하면서 살아가실 것만 같다.

로마 교황청 성직자성 장관 서임 뉴스를 접했던 그날로부터 얼마간은 내 입가에서 절로 번진 웃음이 가시질 않았다. 감격스럽기도, 몹시 놀랍기도 했다. 세월의 뒤안에 묻힌 추억들이 하나둘씩 되살아나며 구름 위를 붕붕 떠다니는 설렘을 숨길 수가 없었다.

성인 김대건 신부의 후예인 한국의 유흥식 라자로 추기경님!

바라옵건대 영원한 도읍 로마에서의 여정이 부디 복되시길, 빛나시옵기를.

최초의 주미공사관

 빅토리아풍의 단아한 3층 벽돌집. 다시 게양된 태극기가 워싱턴 하늘을 배경으로 힘차게 나부낀다. 워싱턴 DC 로건서클 15번지. 2018년 5월 재개관된 옛 대한제국공사관 건물은 백악관 앞 라파예트 광장에서 북동쪽 방향 1.5㎞ 지점에 있다. 슬슬 걸어가 십여 분이면 닿는 거리다.

 조선왕조의 국운이 하염없던 때, 1882년 5월 22일 대조선국은 미국과 조미수호통상조약을 맺었다. 초대 주미전권공사로 협판내무부사 박정양(1841~1904)을 임명하였고 클리블랜드 미국 대통령에게 고종 임금은 국서를 전달했다. 은둔 왕국 조선이 자주외교의 상징처럼 서방세계를 향해 날갯짓을 시작한 개국 이래로 최초의 비상이었다.

그로부터 7년 뒤인 1889년 고종은 내탕금 2만 5천 달러를 투입하여 로건서클의 공사관 건물을 전격 매입했다. 그 금액은 당시 한 해 왕실 예산의 절반가량이나 되는 엄청난 거금이었다.

불과 십여 년 뒤, 배신의 아이콘으로 낙인찍힌 가쓰라-테프트 밀약의 희생물이 될 것이라는 국제정세의 메커니즘을 고종은 전혀 감지하지도, 예견치도 못했다. 수백 년을 첩첩 닫아 걸은 은둔국의 임금답게 고종 내외는 조미수호통상조약을 희망의 보루라고 여겼는지 미국이라는 제국주의에 국가의 명운을 기대고자 했다.

건물 외벽에는 'Old Korean Legation'의 영문과 '주미대한제국공사관'이라 적힌 한글 현판이 걸려 있다. 중앙 계단을 따라 올라가면 130여 년 전의 그날처럼 워싱턴 하늘에서 펄럭이는 대형 태극기가 오늘도 휘날린다.

전시관으로 재개관된 주미대한제국공사관은 현존 당시의 그림엽서와 미국 헌팅턴 도서관에 소장된 1893년판 공사관의 내부 사진. 서울대학교 규장각이 소장하고 있는 대한제국 공문서 자료와 박정양 시문집 『죽천고』 등의 사료를 바탕으로 원형에 가깝게 고증하여 복원할 수 있었다고 한다.

  물품대장을 근거로 산출된 리스트는 무려 232개에 달하는 품목이었다. 당시의 현장에서 사용한 물품 중 샹들리에나 의자, 탁자, 장식장 같은 주요 인테리어 품목들은 가장 유사한 엔틱 패턴으로 고가구점을 누벼 구했거나 새로이 제작했다.

  기본적인 내부 마무리 장식으로 시대성을 주도하는 벽지나 카펫, 커튼 같은 인테리어 용품도 그 문양과 색깔을 원형에 근사한 톤으로 복원했다. 깊고 무거운 잠에 짓눌린 쉼표의 역사를 재생해 가는 과정이었다.

  사교파티장 같은 친교를 위한 장소로 사용했던 다이닝룸의 붙박이 가구는 덧칠 자국이 남아있던 부분의 페인트를 살살 수차례에 걸쳐 벗겨내자 놀랍게도 130년 전의 원색과 문양이 드러났다고 한다. 로건서클 15번지의 공사관이 존속한 기간은 16년 남짓에 불과하다. 1905년 을사늑약으로 인해 침략국에 외교권을 빼앗긴 참사 직후부터 사실상 주미공사관으로써의 외교적인 기능이 상실된 까닭이었다.

강제 병합 두 달 전인 1910년 6월 29일. 파렴치범 일제는 형식적인 매입 절차를 거친다면서 단돈 5달러에 건물의 흔적을 아예 지워버린 기염을 토했다고 기록은 전한다. 그 즉시 어떤 미국인에게로 10달러를 받고 되팔아 넘긴 미증유의 대사건이 그것이다.

제국주의 반열에 숟가락을 얹으려는 욕망과 획책으로 용꿈에 부풀어 있던 일본은 워싱턴 한복판에서 버젓이 존속하는 대한제국주미공사관의 명패는 용납할래야 할 수가 없는 눈엣가시였을 것이다. 척 보면 천리라고, 침략자의 몰염치가 아니었던가.

그들은 작심하고 수천 년 유구한 역사와 전통을 지닌 단일왕조의 상징물 태극기와 공사관 건물을 가차 없이 통째로 시야에서 날려버렸다. 그 후 고종의 꿈과 한이 서린 이 공사관 건물은 아는지 모르는지 한 세기가 넘는 무상한 세월을 모든 사연 다 묻어둔 채 깊고 깊은 잠에 빠져 있었다.

문화재청은 2012년 10월 18일, 이 역사적인 건물을 재매입하는 데 성공한다. 1977년부터 거주하고 있던 소유주 젱킨스 부부에게 350만 달러를 지불하고 로건서클 15번지 옛 공사관 건물을 되찾는 데 성공한 것이다.

당시의 화폐 가치로 환산하면 39억 5000만 원이라는 거금이었다. 무참히 탈취당한 국부를 이제라도 환원시킨 과정, 돌고 돌아와서 최초의 대한제국주미공사관 건물을 찾은 지난한 역정의 드라마는 곧바로 현실의 우리 근현대사라 아니 할 수 없다.

모진 격동의 회오리 속에서 오랫동안 잊힌 존재가 되었었지만 로건서클 15번지, 그 모퉁이를 용케도 묵묵히 지켜낸 옛 대한제국주미조선국공사관 건물.

워싱턴의 이 건물이 원형 그대로를 존속해 주고 있었다는 것. 불에 타서 재가 되었거나, 재건축되어 흔적도 없이 본체가 날아가 버리지 않았다는 사실, 그런 요행에 대해 우린 경의를 표해야만 할 것이다. 한 세기가 훌쩍 넘어간 어느 지점에 원형을 되찾아서 복원한 현실은 무릇 기적과도 같은 행운이었다. 역사는 그렇게 또 긴 한숨을 토해내며 흘러간다.

3부

진주목걸이를 샀습니다

그 길 앞을 지나며

오랜만의 외출이었다. 강남구 삼성동에 다녀왔다. 테헤란로에 볼일이 있었는데 마침 근처 코엑스 화랑에서 열린 지인의 전시회를 들러보고 나와서는 곧장 서울의료원이 자리했던 샛길로 접어들었다. 작정한 일은 아니었으나 저절로 발길이 그쪽을 향해 옮겨지고 있었다.

세상에서 가장 익숙한 길. 두 눈을 감고도 똑바로 걸어갈 수가 있었던 이 길. 거길 떠난 지도 많은 세월이 흘러갔다.

혹심한 봄철 가뭄으로 목이 말랐는데 아침부터 쏟아져 내리는 봄비가 여간 반가운 게 아니다. 감로수와도 같은 빗물이 포도를 흥건히 적시고 있다. 날이 풀리자마자 몰려온 황사와 미세먼지 세례에 맑은 하늘을 언제 보았던가, 기억조차 흐릿하건만 죽죽 퍼붓는 빗줄기가 저간의 짜증을 씻어내 준다.

사람의 심사란 게 다 거기서 거기인 모양인지라 지나가는 이들의 표정도 나긋해 보인다. 그렇게 학수고대한 봄비가 오시는데, 새로 신고 나온 가죽구두에 물이 좀 새어든다 한들 뭣이 대수랴.

우산을 든 오른쪽 팔목에다 잔뜩 힘을 주고 고인 물을 피해 겅중거리는 번잡함이 성가시지 않다. 되려 연분홍 우산 위로 톡톡 떨어지는 빗방울 소리가 청량하게 흐르는 빗물 교향곡처럼 정겹게 들렸다.

눈에 익은 고층빌딩들이 번쩍거리는 대로변을 건너 옛 한전 남문 쪽의 한적한 길목으로 접어들었다. 저쪽께 대로변 골목 안길에는 이제는 멀리 낙향한 어느 귀하신 분의 사저가 있었다.

회고하건대 삼성동의 골목 같은 이 거리는 흘러간 내 젊은 날의 초상이나 다름이 없다. 눈을 감고도 걸어갈 수 있는 이 길을, 추적추적 봄비가 내리는 날 혼자서 걷고 있자니 만감이 어린다. 꿈길에서도 서리었던 그리운 이 길을.

요 앞 서울의료원이 있었던 서울시 강남구 삼성동 171-1번지는 나에겐 잊히지 않는 장소다. 아니, 잊을 수가 없는. 치열하게 전개되었던 삶의 현장인 동시에 인생의 바다가 되었었던 곳.

생의 날들 가운데서 이십여 년간이나 머물렀던 주소지로 또 다른 처소이기도 했다. 눈이 오나 비가 오나 눈만 뜨면 일터를 향해 서둘러 집을 나왔고, 하루 일을 마친 저녁에는 노곤한 몸을 끌고 저기 저 정문을 나와 총총히 집으로 달려가곤 했었다. 허니 이 길목은 나의 영욕의 세월이 얼룩진 성지와도 같은 곳이다.

의학도서실 실무책임자로 특채가 되어 첫발을 내디딘 그날로부터 정년퇴임 일까지 서울의료원은 나의 삼십 대부터 오십 대까지의 삶이 녹아든 일터였다. 당연히 인생의 중대사가 이곳에서 발현이 되고 실행되었다. 삶의 허다한 부분을 여기서 기획하였고 어느 한때는 남모르는 방황을 했으며, 그걸 또 번민하고 애를 써서 수정해 나간 곳이다.

매너리즘에 빠져 일상이 권태로운 순간이면 장발장 같은 기발한 탈출을 수없이 모의했던 공간. 어느 무미한 오후에는 투명 인간이라도 되어 병원 담을 아무도 몰래 획 뛰어넘어 가서 멀리 아주 먼 곳으로 사라져 버리고만 싶었다. 그때는 왜 그렇게 눈을 감으면 꿈속에서까지도 훨훨 공중을 날아다녔는지 모르겠다.

 이곳은 나의 생애에서 가장 오랫동안 머문 장소다. 입사 권유를 받았을 때만 해도 실은 많이 망설였다. 지금도 눈에 선연한 것이 거절의 의사를 명백히 밝혔었다. 한데 결과적으로 이 직장은 나에게 평생 안온한 삶을 약속해 준, 나와는 궁합이 썩 잘 어울린 최적의 삶터가 되어주었다.

 그곳에서 나의 직무는 의학도서실 실무책임자. 평생을 책벌레처럼 살아가는 의사들에게는 사랑방과도 같은 연구실이다. 그러니 눈만 뜨면 하얀 의사 가운을 쳐다보다가 해가 지고 달이 뜨고 속절없이 흰머리가 늘어난 인생이었다.

 의과대학을 졸업 후 인턴을 마치고 수련의 과정에 있는 이른바 전공의는 전문의가 되면서부터는 점점 저명한 닥터로서의 본색이 확대되어 간다. 어제 실습을 나왔던 의과대학생이 내일은 진료실 선생님으로 앉아있는 곳.

 흰 가운 속 그들이 스텝을 거쳐 진료과장이 되고 마침

내는 병원장으로까지 승차하는 휴먼스토리를 지켜보는 일상은 참으로 독특한 감동이요, 명장면이 아닐 수 없었다. 귀가 가늘은 바늘귀를 통과한 자들인 의사들은 시루 속 콩나물처럼 쑥쑥 자라는 하람이었다.

한강의 지천이 합수되는 창안에서 두꺼운 메디컬 원서 속에 파묻혀 선비인 연 풍선처럼 부풀었던 나. 인체를 해부하는 과학자인 수재들의 그늘에서 덩달아 넋을 잃은 삼매경에 빠져들었다. 그런 와중에도 날이 날마다 정적인 단조로운 일상은 방황과 권태의 빌미가 되기도 했다.

비록 초아를 이루지는 못하였다. 하지만 일평생 소일의 도구가 책이었고 지금도 다르지 않다는 점. 이 하나의 명분에 충심을 다하려 한다.

옛 병원 앞 2차선 가로수 길에 비바람이 몰아친다. 흘러가 버린 생의 노래인 듯. 봄이 지나고 또다시 계절이 깊어지면 노란 은행잎이 황금색 카펫으로 흩날릴 이 길이 아스라한 가락으로 떠돌겠지.

진주목걸이

 진주목걸이에 얽힌 환상은 아마도 모파상의 단편소설 『진주목걸이』에서 발아된 씨앗이 아닐까? 언제 읽었는지 기억조차 희미하나 어느 날부터인가 진주목걸이는 내 마음속 동경으로 마음을 빼앗고 있었다.

 그 진주목걸이를 처음 목에다 걸었던 날은 마흔 살쯤의 출근길이었다. 큰맘을 여러 번 먹고 내 딴에는 거금을 들여 제법 알이 굵은 한 줄짜리 진주목걸이를 소유했던 날의 정황이 어제 일 같다. 그만큼 뿌듯했었다.

 9~9.5mm 사이즈 옅은 핑크빛이 감도는 진주목걸이를 투피스에 물 찬 제비처럼 외출 때면 자주 걸고 다녔다. 물론 지금도 아끼는 애장품이지만. 정장하여 길어

보이는 목에다 진주목걸이 하나만을 걸어도 조신한 숙녀로 변신하는 느낌이었다.

진주의 의미는 '눈물'이라고 한다. 진주알이 또르르 구르는 눈물방울처럼 영롱하니 누가 그리 갖다가 붙여놓았나? 진주를 닮은 순백의 눈물이라면 날마다 흘린다 해도 무슨 큰 탈이 나겠는가.

조심조심 살얼음 위를 디뎌도 때가 묻는 세상인데. 영혼의 정화를 위해서라면 이따금 눈물을 펑펑 쏟은들 해롭지 않은 일인 것이다. 젊은 날에는 그렇게 세상사 만사를 멋대로, 낭만으로 파악하고 해석했었다.

캐주얼 차림이나 정장, 어떤 옷에도 잘 받쳐주는 액세서리가 진주목걸이다. 그러고 보니 싸구려 모조품도 많아서 가짜와 진품을 구별하기가 여간 애매한 게 아닌 보석이 또한 진주다.

추레한 사람이 진주목걸이를 걸고 다니면 진짜를 했어도 진주알이 플라스틱 가짜처럼 헐거워 보인다. 좀 부티가 나는 여자가 설령 가짜 진주를 목에다 칭칭 감고 다녀도 희한하게 진짜처럼 보이는 요술이 진주목걸이다. 유럽의 왕실 여인들이 가장 우아하게 착용하고 사랑하는 진주! 여성미를 그중 돋보이게 받쳐주는 보석 중의 보석이 진주목걸이다.

  나 또한 진주를 향한 애정이 각별하여 두 줄짜리 진주목걸이를 장만한 건 쉰 살쯤 먹은 어느 퇴근길 백화점 귀금속 코너에서였다. 한 줄짜리 진주보다는 알이 조금 작지마는 훨씬 더 묵직한 두 줄짜리 진주목걸이를 목에다 걸었을 때 정말로 행복했다.

  백작 부인이라도 된 양 우아미가 느껴지는 그 오묘한 충족감은 진주가 주는 요술이었다. 직장생활 내내 나는 이 두 종류의 진주목걸이를 번갈아 가며 제법 자주 착용하고 다녔다.

  그리고 몇 해 전 여행 중에 스페인 안달루시아 지방 말라가에서 진주 한 알을 또 샀다. 유서 깊은 말라가 대성당 인근의 쇼핑가 보석 가게에는 처음 보는 유색의 다양한 진주들이 진열되어 있었다.

  지중해가 품고 키운 눈부신 진주알들. 무엇에 홀린 것인지 나는 긴 실버 체인에 매달려 유혹의 미소를 날리는 솔방울만 한 양식진주 한 알을 냉큼 집고야 말았다. 첫눈에 마음을 빼앗긴 여심이었다. 아기 살결처럼 보드랍고 우윳빛 살내가 감도는 핵진주는 내 눈으로 본 가장 커다란 진주알이다.

이것이 만일에 진주조개가 제 살 속에 박아 논 천연진주였다면 언감 내 차지가 되었으랴. 엘리자베스 여왕도 그렇게나 큰 진주를 목에다가 감고 나온 적은 보지 못했으니.

 물이 잔잔하고 맑은 내만의 수심 20m 바닷속에서 생성된다는 진주알. 인위적인 손길이 닿지 않은 순수자연 그대로 진귀한 보석이 천연진주다. 당연히 귀할 수밖에. 천연진주는 시중에서는 거의 찾아볼 수가 없다고 한다.

 양식 핵진주는 대왕조개를 채취하여 그 속에다 조개의 핵과 조갯가루를 넣고 바닷물이라는 모태에서 몇 년 동안 길러낸 진주다. 싸구려 플라스틱 모조품과는 격이 다른 그 또한 진짜 진주인 것. 다만 자연이 생성한 천연물이 아닌 인공적인 기술을 가미해 바다라는 자궁을 빌어서 키운 진주라는 점이 다른 것이다.

 말라가 거리의 보석 가게에서 한눈팔이가 되어 담박품에 안은 솔방울만 한 진주알도 지중해의 잔잔한 물색과 맑은 해풍이 키워낸 해수 양식진주였다.

 이따금 '물려준다'는 것의 의미에 대해 새삼 느낌표를 찍곤 한다. 특별히 누구에게 대단한 걸 물려줄 처지는 못 되어도 언제부터인지 골똘히 그런 생각을 하곤 한다. 이건 누구에게, 저건 누구에게로 물려주면 좋겠구나, 이렇게 혼자서 해보는 궁리 같은 것이다.

애틋하게 남겨질 핏줄이 따로 없으니 내 마음이 가서 꽂히는 누구에게라도 나눠주고 가면 그뿐인걸. 고마웠던 사람, 눈물겨웠던 사람, 내가 신세를 졌던 그 누군가에게 하나씩 나누어주면 좋을 일. 그리 나는 지금부터 작정하고 있다.

거의 평생을 정장하고 다닌 이력으로 몇 점의 액세서리가 내 보석함에 있다. 이미테이션을 싫어하는 성격인지라 소수지만 모두가 진짜인 것. 심지어 젊은 날에도 14K나 18K보다는 사금파리가 섞이지 않은 순도 99.9퍼센트의 24K 순금을 나는 선호했다. 그건 진짜로 골드니까.

남들은 순금 액세서리가 촌스럽지 않냐고 괜한 시비를 걸 때도 그건 그 사람의 취향일 뿐, 내 눈에는 샛노란 순금이 진짜 금이어서 더 귀하고 어여쁘게 보였다.

로스앤젤레스에 갔을 때 큰맘을 먹고 구입했던 조금 알이 굵은 캐럿의 다이아몬드반지는 내가 매우 소중하게 여긴 보석이었다. 그런데 뒤늦은 나이에 임산부가 된 큰조카 며늘에게 그걸 선물해 주었다. 지중해가 본적지인 솔방울만 한 스페인 말라가 진주알도 그 며느님 가느 다란 목에다가 걸어주었다.

'할머니를 대신해서 고모가 네게 주는 선물이야. 대를 이어 내려 주렴.'

그렇게 발설치 못한 모기만 한 크기의 소망을 속에다 품고서.

그리고 내가 퍽 많이 좋아한 짙은 물색의 사파이어 세트는 수년 전에 막내 올케에게로 물려주었다. 언젠가 자기 며늘에게로 대물림하여주길 바라는 심정이다.

소중히 아껴온 것들에 집착하지 않으려고 일부러 아까울 때 하나씩 그렇게 나눠주었다. 돌아가신 어머니가 빙긋이 웃음 지으실 것 같다. 그 어머니를 대신해서 물려주는 이 선물을 집안의 대를 물린 가보라 생각하고 간직해 준다면 더없이 고마울 따름.

레테의 강을 건너

 본시도 울보였다. 안구는 메말라 상처투성이라는데 그 흔한 눈물은 어디 고여 있다 쏟아지는 것인지. 때를 불문 무방비적으로 흘러내리는 눈물로 하여 당혹스러운 적이 한두 번이 아니다. 내가 기억하는 어린 아기일 때부터 툭하면 울어대곤 했으니 아마도 난 울음 밑이 긴 아이였을 것이다.

 달리고 있는 여행길의 차창 안에서도 울컥울컥 남몰래 울음을 삼킬 때가 있다. 누구와 통화하는 와중에도 뜬금없이 음성이 젖는다. 슬플 때도, 외로울 때도 전령처럼 마중을 나오는 눈물.

 그러던 어느 날 꿈속에서 울다가 눈을 뜬 새벽이었다.

내친김에 나는 무슨 큰일이라도 벌이려는 여자처럼 머리를 소파에다 파묻고는 하염없이 울었다. 소리를 죽인 흐느낌이 결국 곡이 되어 터져 나왔다.

 윤회의 강을 건너 우리가 다시 만날 수 있을까?
 어머니가 돌아가신 지 일주년이 된다. 치매를 십 년 가까이 앓았고 막판까지도 처절히 신고하다 떠났으므로 누가 봐도 잘된 이별이었다. 그것도 아흔이 넘은 나이였으니 잘 떠나신 마무리다. 그래도 세상의 죽음 중에 호상은 없다는 걸 그날에 알았다. 주변이 민망해 마음 놓고 울지도 못한 한여름날 치러진 어머니의 장례식.
 목숨줄이 붙어 있으니 살아 있다고 말하는 것이지 현실은 죽는 것만도 못한, 아니 더 참혹한 형벌이 될 수도 있는 인생이 있다는 걸 안다.
 어머니의 마지막 시간이 그러했다. 그래도 신이 예정해 놓은 생의 날수를 아얏 소리 한마디 못하고 쓴잔을 모두 다 삼키고서야 눈을 감으신 어머니! 그것이 지상에서 인간이 신께 바칠 수 있는 최상의 순명 행위라는 걸 어머니의 마지막 시간을 지켜보며 절감했었다.
 마흔넷에 홀로되어 고행의 길을 걸어가신 어머니. 회

한에 사무친 엄마의 표정, 해가 질 무렵 송아지를 부르는 어미 소의 구슬픈 울음처럼 근심 어린 엄마의 큰 눈망울엔 늘 서글픔이 어려 있었다.

그 크신 어머니 눈에는 자주 눈물이 고여있었다. 정신을 완전히 소실하기 전의 어느 해 어버이날. 나는 무슨 직감에서인지 엄마 귀에다가 바짝 입술을 갖다 대고 주문처럼 속삭였다. '엄마 사랑해, 엄마 사랑해.'

"나도 너를 너무너무 사랑해!"

뜻밖에도 엄마가 또박또박 유치원생 같은 음성으로 화답해 주었다. 평시처럼 일주일이 지나고 다시 뵈러 갔던 날, 어머니는 치매의 깊은 늪 속으로 아예 침몰해 버렸는지 그 시점부터는 자식들 얼굴마저도 분간하질 못했다.

그때부터 급속도로 언어기능이 소실되었고, 때론 뭔가 간절히 말하고 싶은 눈빛이었지만 입속에서만 맴돌 뿐, 밖으로 발설하지는 못하였다.

"나도 너를 너무너무 사랑해!"

처음이자 마지막이 된 엄마의 또렷한 음성이 이 세상에서 똑똑히 새겨들은 어머니의 마지막 육성이다. 자식들에게 남긴 유언인 셈이었다.

  중환자실로 옮겨진 엄마를 뵙고 온 며칠 후 새벽에, 어머니가 돌아가셨다는 부음을 접했다. 면회가 허용된 내일은 다시 뵈러 가려고 준비하고 있었는데 그 하루를 더 기다려 주지 않고 어머니가 떠나셨다. 치매센터가 있는 객지의 종합병원 중환자실에서 그렇게 홀로 어머니가 먼 길을 떠나가셨다.

  누구나 한번은 마지막 숨을 내쉬는 시간과 마주치게 될 것이다. 죽음과 당면한 그 순간은 정신이 또렷해진다고 한다. 엄마도 이승에서 마지막 숨을 토해낸 그 시간, 비록 찰나일지라도 정신이 반짝하고 돌아왔으려나.

  속정이 유별난 어머니는 그때 얼마나 애통했을까. 자식새끼 하나 눈에 보이지 않는 낯선 중환자실의 허허한 발치가 그 얼마나 서글프고 허탈했으리.

  이 세상의 자식들은 부모를 여의고 나서야 뜨거운 눈물을 흘린다고 한다. 엄마도 때로 나에게 협박을 가하곤 했다. "내가 죽고 없어져야만 네 눈에서 뜨거운 눈물이 흐를 것"이라고.

  하필이면 찌는 여름날 세상을 하직하신 어머니. 엄마가

아무리 정신을 잃었기로서니 단단히 혼이 나가신 모양이었다. 그렇지 않고서야 삼복에 길을 떠날 분이 아닌데.

정신이 손톱만치라도 붙어 있었다면 어머니는 자식들이 고생할까, 지레 겁을 집어먹고 폭염에 나 몰라라 무정하게 돌아서진 못했을 거다. 얼마 안 있으면 불어올 갈바람을 타고 신선처럼 솔솔 떠나셔도 좋았으리만.

지금 어머니는 무엇이 되어 있나? 레테의 강을 건너갈 때 잃어버린 맑은 정신 도로 찾아내었나?

예수마누라님

 신앙생활은 인생사와 비슷하다. 삶의 무대에는 뇌성벽력이 몰아치는 날이 있는가 하면 쨍하고 해 뜨는 날도 있기 마련이다. 신앙생활도 "내 주를 가까이," 노래를 부르며 불길처럼 타오르다가도 이내 얼음장 위를 걷는 냉담의 시기가 닥친다.
 자신만이 오직 운영주가 될 수 있는 인생이라는 상점에는 종교라는 코너가 입점해 있다. 종교와 인간 생활, 무엇이 주체인가?
 분명한 한 가지, 그 둘은 서로가 분리될 수 없는 동반자적 운명이라는 사실이다. 당연히 종교의 선택은 인간 삶의 브랜드 가치를 좌우하는 절대 항목으로 작동한다.

열정과 냉탕 사이를 오가는 신앙생활이 인생사 주제가 되는 까닭이다.

어렸을 때 아버지는 고등학교 교사였다. 구한말인 1906년 공주 시내에 미국인 선교사 샤프 목사가 설립한 최초의 기독교계 미션스쿨로 일제 강점기에도 애국지사를 배출한 역사 깊은 사립중고등학교다.

그 영명학교 학생이었던 유관순은 일제의 횡포로 학교가 강제 폐쇄되자 설립자 샤프 부인의 주선하에 이화학당으로 편입했다. 교육부재의 시기에 영명학교는 이승만, 조병옥 박사 같은 건국 초기의 많은 인재를 길러낸 유서 깊은 사학이었다.

어머니의 혼수품이라는 안방 자개장롱 속에는 검은 가죽 장정의 두꺼운 성경책이 항시 놓여있었다. 그러나 아버지가 그 성경을 읽으시는 모습을 본 적은 없다. 주일이 되면 장롱 속에 고이 모셔둔 성경책을 꺼내 들고 감리교회로 예배를 드리러 나가시는 게 고작이었다.

생각하면 검정 가죽 장정에 4면으로 두른 금박 줄이 한결 권위적으로 느껴졌을 성경책은 필시 주일을 위한 교제용이었을 것이다. 그렇다 쳐도 이 특별난 책이 눈요깃감으로만 그 존재성을 한정한 건 아니었다.

하루에도 수시로 장롱문을 여닫을 때마다 눈에 들어와 박혀버린 한 권의 성서는 한 알의 밀알처럼 뇌리에 신앙이라는 싹을 틔워준 씨앗이 분명했기 때문이다. 아마도 거기서 발아되었을 종교성은 훗날 나의 내면을 흔든 DNA로 작용했을 것이다.

무슨 연유인지는 몰라도 아버지가 학교를 그만두셨다. 미션스쿨의 특성상 교회 장로인 교장이 바뀔 때마다 대대적인 물갈이가 있었을 테고 채플 성적이 분명히 불량했을 아버지는 시쳇말로 해고를 당한 게 아니었을까, 추론할 따름이다.

그저 상상의 영역일 뿐. 아직도 이름 석 자가 떠오르는 새 교장선생은 공교롭게도 친구의 부친이었다. 후에야 알게 된 사실이지만 설령 그 당시 내가 알았어도 동창인 그 아이에게 아버지의 복직을 부탁했을 리는 만부당하다. 그러기엔 나는 너무도 부끄러움이 많은 기가 약한 아이였다.

서울에서 보성전문 상과를 졸업한 부친의 삶이 그날을 변곡점으로 하강 곡선을 그렸으리라는 사실은 자명한 이치다. 그때로부터 불과 몇 년 사이 돌아가셨으니 이제 더는 체면치레로나마 무거운 성경책을 끼고 교회에 나가지 않아도 되었으리라.

그즈음이었다. 아버지는 언니와 오빠에게 성당에 나가라고 채근하셨다. 기독교의 원뿌리는 천주교이니 성당에 나가는 게 맞는 이치라고. 그리고 새벽마다 뎅그랑 뎅그랑 온 시내 그득히 성당의 삼종 소리가 울려오면 어떤 영감을 느끼시는지 전에 없이 말씀하시곤 했다.

"저 종소리를 듣고 있으면 마음이 맑아지는 것 같다. 나도 몸이 성하면 성당에나 좀 나가보고 싶은데 너희라도 우선 나가거라."

자전적 소설책을 한 권 남기신 아버지는 한 시대의 인텔리었다. 그러나 그의 생은 불운했다. 그 무렵 언니와 오빠는 집에서 꽤 먼 성당을 나가기 시작했지만 나는 여전히 동네교회에 다니고 있었다.

그로부터 몇 년이 지나지 않아 마흔다섯의 아버지가 자리보전하고 누우셨다. 미남으로 소문이 난 허울 값을 하느라고 그러셨을까. 퇴근길이면 선생님들 삼총사가 날마다 뭉쳐서 냇물께 기생집으로 직행하였다.

호랑이가 담배 피운 그 시절이 귀공자로 태어나서 단명으로 살다가 가신 그분의 생애에서는 그나마 전성기요 낭만 시절이 아니었을까. 그런 한때의 열락이라도 아버지의 인생에 허락되었음을 고맙게 생각한다.

지금 같았으면 청춘의 나이에 병석의 아버지가 대세를 받으셨다. 아니 대세를 받으면 살 사람은 속히 일어날 수도 있다는 친척의 권유에 귀가 솔깃했을 것이다.

큰길을 걸어가다 보면 한 번씩 마주친 적이 있었던 성당의 원장 수녀님이 신기하게도 우리 집을 처음으로 방문해준 날이었다. 돌아보니 반세기가 훌쩍 더 넘은 옛일이건만 그날의 움직임 하나하나가 손에 잡힐 듯 떠오른다.

안방으로 들어오신 원장 수녀님은 자리보전한 환자에게 성호를 긋는 법과 삼위일체에 관해 간단한 교리를 설명하고는 곧바로 대세를 베풀었다. 그만큼 위중한 정황이었기에 더는 미룰 수가 없다는 판단이었던 것 같다.

세례명은 베드로, 안 베드로! 이마에 성수를 부으며 십자인호를 긋고 대세를 거행하던 수녀님이 열에 들뜬 아버지에게,

"우리 죄인들을 구원하러 오신 주 예수그리스도를 믿습니까?" 하고 물으셨다.

불생불사의 경계에서 아버지는 그렇다고 고개를 끄떡였다. 사실 얼마 전까지만 해도 그런 원의가 있었으므

로. 이어서 원장 수녀님이,

"예수마리아 나를 구해주소서!" 이렇게 따라 해보라고 하였다. 아마도 난생처음으로 입 밖에 내보았을 "예수마리아 나를 구해주소서!"

지금도 그날 아버지의 육성이 귀에 쟁쟁히 울린다. 처음이자 마지막이 된 아버지의 절규 같았던 호소가.

"예수마누라님. 나를 좀 구해주십쇼!!"

고열에 들떠 혀가 말려 들어간 어눌한 발음이었지만 분명하게 내뱉은 이 외침은 정신이 혼미해진 아버지가 생의 막다른 기로에서 처음이자 마지막으로 낯선 신에게 목숨을 구걸한 구원의 동아줄이었다.

캄캄한 어둠의 골짜기에서 이 몸 주께 부르짖사오니 야훼여, 제발 '나를 좀 낫게 해주쇼.' 하고 애원을 한 나약한 인간의 간구였을 것이다. 대세를 받은 직후부터 병세가 더 악화된 아버지는 혼수상태로 빠져들었다.

그날로부터 며칠이 더 지나가고 앓아누우신 지 고작 십여 일 만에 아버지가 세상을 뜨셨다. 울긋불긋 수채화처럼 번진 봄빛이 천지에 낙낙하던 5월 초순 이른 새벽이었다. 며칠 동안이나 왕진가방을 들고 와서 밤샘해 준 주치의는 대청마루 아버지의 커다란 책상에 엎디어 어렴풋한 새벽잠에 빠져 있었다.

내 나이 열세 살로 중학교 2학년 때의 일이다. 부음을 전하려고 삼총사 선생댁으로 정신없이 뛰어가던 그 새벽, 남의 집 담벼락에는 개나리가 흐드러지게 피어 있었다.

그런데 대체 예수마누라라니!

발치에 앉아 눈 하나 깜빡이지 않고 대세 받는 전 과정을 지켜보았던 나는 마음속에 근심이 태산만큼 쌓여 갔다. 아무리 생각을 좋게 돌려보려고 해도 그렇지. 세상에 이런 불경죄는 다시없을 것이다.

성스러운 예수마리아를 예수마누라라고 호출을 해댔으니 어쩌자고!

그만한 이치쯤 알고도 남았을 아버지가 그 정도의 뜻을 구분하지 못했을 리는 만무하다. 다만 열에 들떠 발음이 헛나와서 그리되었을 뿐이라고. 혼자 변명하고 혼자 애를 써보지만, 잘못 튀어나온 그 말 한마디로 불쌍한 아버지가 지옥에 떨어졌을지도 모른다는 근심은 심약한 내 가슴을 짓눌렀다.

내 얼굴에는 상심의 빛이 가시지 않았다. 그래도 아버

지를 매개로 우리 온 가족은 성당에 나갔고 세례성사를 받았다. 아니 천주님과 나와의 그 질기고도 운명적인 숙연이 시작된 것이다.

"신부님! 예수마리아를 예수마누라라고 부른 저의 아버지는 지옥에 가셨나요?"

일구월심 지옥 문제로 고통스럽던 내가 신부님을 가까이서 처음 만났던 날에 첫마디로 여쭤본 질문이다.

"아니. 대세를 받았으니 연옥에 가셨다. 연옥에서 보속을 다 마치고 나면 천당으로 올라가니 자녀 된 도리로 기도를 열심히 해드려야지."

파리외방선교회 소속의 본당신부님이 당신의 품에 나를 꼭 껴안아 주며 얼굴이 누렇게 뜬 가엾은 아이를 위로해 주었다. 아버지한테서는 받아보지 못한 따뜻한 포옹이었다.

지옥은 면했다는 데도 근심이 수그러들지는 않았다. 아버지가 연옥에 갔다는 확실한 판결을 받았기 때문이다. 나는,

"대세를 받은 사람은 모두 천국에 들어간단다. 그러니까 걱정하지 말거라."

이렇게 속 시원히 신부님이 판결을 내려주길 애절히 바랐던 것 같다. 지옥처럼 활활 타오르는 불구덩이 속에서 단련을 받는다는 연옥! 정화되어야 할 영혼들이 보속을 하고 있다는 그 연옥의 뜨거운 불길 속에서 신음할 아버지를 생각하면 몸이 다 오그라드는 시름에 시달렸다.

다음날부터 눈이 오나 비가 오나 하루도 거르지 않고 성당에 나갔다. 날마다 새벽 미사에 참례하여 연옥에 계신 우리 아버지 베드로를 구원해 달라고 애원하였고, 오후에는 사제관으로 가서 교리 책을 외웠다.

어찌나 열심히 "천주교 요리문답" 320조목을 달달달 외워댔던지 나의 교리 실력은 순전히 그때 외워 둔 작은 "문답 책"에 기인한다.

하느님은 분명 사랑 자체, 선 자체일 것이다. 한데 그와는 반대급부인 죄악의 비중을 절대적 변수로 부각하다 보니 짜증스럽게도 늘상 죄인의 프레임에 갇혀서 그 굴레를 벗어나지 못한다.

돌이켜보면 아버지에게서는 충족되지 못했던 사랑을 자애한 파란 눈의 신부님 품을 통해 대신 위로받았고, 그 사랑을 느끼는 가운데 하늘에 계신 천주님의 사랑을 깨우쳐 갔나 보다. 그렇게 차츰 성교회의 아이로 나는 길이 들여지고 있었다.

  그러나 아버지를 여읜 그해 봄과 여름방학이 지나고 2학기가 되었을 때, 더 이상 학교에는 가지 못했다. 병명도 없이 앓기 시작해 책가방을 들고 도저히 학교에 다닐 기운이 내 몸 안에선 이미 소진이 되어버렸기 때문이다.

  팔팔해야 할 청소년기를 2년이 넘도록 병 아닌 병치레에 시달리고서야 겨우 복학을 할 수가 있었다. 그 여학교가 공교롭게도 수녀원 재단의 가톨릭 미션스쿨 쌘뽈 Saint Paul 성바오로 여중이었다.

  쌘뽈여자중고등학교! 그리고 그곳에서의 기숙사 생활은 내 인생에서 영원히 잊지 못할 지성소의 빛이 아니었나 한다. 인생의 또 다른 패러다임으로 건너가기 위한 간이역이었기 때문이다.

  쌘뽈에서의 학창 시절은 사막 교부들의 영성을 탐닉하면서 신께로 향한 그리움을 맘껏 채색할 수가 있었던 영혼의 전당이었다. 내 인생의 가장 지순하고도 열절한 시간이었다.

아혜야

 아혜는 나의 오랜 친구로 사십 년 지기다. 소녀 같은 해맑은 미소가 트레이드마크인 그녀가 E대 미술대학원 생일 때 만났으니 우리 인연의 끈도 아득히 길다. 동년배는 아니어도 그가 나보다 어린 사람이란 생각은 하지 않았다.

 그냥 우린 친구일 뿐. 독실한 불교도인 그녀는 가톨릭 신자인 나와는 배색이 잘 되는 물감처럼 이질감 없이 스며들었다. 두 사람 다 말수가 적은 편인데 서로의 종교성이나 예술세계를 가꾸며 허위가 아닌 배려와 예의로 신뢰를 굳혀왔다. 생기발랄한 청춘기부터 노년의 문턱을 밟기까지 우린 서로의 삶을 그렇게 소리 없이 지켜보

왔다.

 자신의 역량이나 성취감, 또는 시련에 대해 떠벌리기보다는 첩첩 묻어두는 쪽인 나는 생의 숨찬 고갯마루를 넘어갈 때마다, 그 누구도 아닌 나보다도 어린 내 친구의 얼굴이 떠오르곤 한다. 그럴 때면 바다 건너 그녀에게 전화를 걸어 속내를 있는 대로 들춰내고는 눈물, 콧물을 뿌려댄 적이 있었다. 그렇게 여러 번을 울고불고했을 것이다.

 지성과 종교적인 심성으로 단단히 여물은, 강인한 그녀의 혜안은 세속의 연륜과 시공을 초월하여 언제나 나에게 신뢰와 안정감을 주고 있었다.

 인생의 길, 여정이라는 측면에서 생각한다면 우린 같은 곳이 아닌 서로가 다른 작업장에 소속이 되어 살아가는 일꾼들이지만, 같은 등가물을 빚는 예술가일 것이다. 나는 책상 위 서생으로 미학의 관념에 빠져들었고, 그녀는 흙과 쇠붙이를 녹이고 빚어서 무애한 것들에게 생명을 불어넣는 작은 신神처럼 섭씨 천 도의 불길에서 창조를 생성해 낸다.

 그 친구와 나 사이에는 쓸데없이 공연한 논쟁이나 감정의 소모 같은 이물감이 거의 끼어든 적이 없다. 우린 서로에게 질긴 인격체가 아니었다. 그저 멀리서 말없이 비춰주는 반사경의 존재 같은 것. 무심한 듯하였으나 결코 '너'의 존재를 잊은 적은 없었던, 그런 벗이 아니었을까.

 제주도민과 서울시민으로 살아가면서 어쩌다 한 번 얼굴을 본다. 그리고 가다가는 잊혀질 만한 노정에서 누가 먼저랄 것도 없이 뒤를 돌아보며 안부를 묻곤 했다. 그 흔한 카톡도 문자도 거의는 생략하고 살아가는 채로.

 재작년 늦여름 인사동 화랑에서 성황리에 그녀, 조윤득의 작품 전시회가 열렸다. 그중 어느 한 밤에 우린 어둔 조계사 경내에 마주 앉아 알량하게 내가 준비해 들고 갔던 주먹밥을 먹으며 밤이 깊도록 이야기꽃을 피웠다.

 때가 되면 조각품 전시회 도록을 보내오고, 가을에는 이따금 귤도 한 상자씩 내 집으로 배달해 주는 친구. 얼마 전엔 맛을 보라며 나스라는 하귤을 한 상자 보내왔다. 가뭄에 콩 나듯이 저자 사인을 한 저서를 나도 그녀에게로 부쳐주었다. 그렇게 여일함을 전하며 멀리에 떨어져 사는 서로의 안부를 대신하곤 했다. 아무려나 내 심중에서 그녀는 나의 절친으로 분류된 바다.

 그 친구 조윤득에게서 전화가 걸려 왔다.

"벨라뎃다님 이젠 몸을 좀 아끼세요."

첫마디가 몸을 생각해서 좀 쉬엄쉬엄 글을 쓰라고, 또 뭘 좀 많이 먹으라는 주문이었다. 안 그래도 외로운 사람이 가만히 보면 스스로를 자꾸만 더 외로운 상황으로 몰고 간다고…. 그게 안타까운 모양으로 은근히 책망하였다.

몸과 정신이 부해지는 포만감을 나는 잘 견디지 못한다. 그런 까칠한 나에게 이제는 조금 편히 살아도 되지 않냐고? 그녀는 때론 안쓰러운 눈길로 날 바라다본다.

나라고 해서 왜 안락이 싫겠는가. 엿가락처럼 흥청흥청 늘어지고 싶은 충동이 왜 나라고 없겠는가. 그건 인간 누구나의 욕구고 본성인 것이다. 다만 생겨 먹은 게 이 모양인걸. 이완보다는 긴장이 아직도 더 속이 편한.

요즘 나는 나의 외로움을 신께 바치는 연습을 한다. 그것은 젊었던 날에 신께 서원했던 자로서의 일말의 양심과도 같은 것. 근원적인 그리움에 눈시울이 젖는 시린 이 저녁을 신께 봉헌하는 나의 기도로 바친다.

에메랄드빛 초록 섬

 대마도를 여행했다. 벼르고 별러 나선 일정이었다. 일본 나가사키현의 낙도 쓰시마는 한국과 규슈 사이 남북으로 길쭉이 누워있는 작은 섬으로 우리나라 국경에서 가장 근접한 외국 땅이다.
 옛 쓰시마 영주의 저택과 박물관, 시청사가 있는 이즈하라항까지는 부산에서 쾌속선으로 1시간 20분의 근거리고 보니 당일치기 여행객도 상당수라 한다.
 우리와는 얽히고설킨 애증의 땅. 그곳은 대한제국 유일한 황녀 덕혜옹주와도 연관이 깊다. 대마도에 가면 혹 그녀와 관련된 잔재를 접할 수 있지 않을까? 여행의 목적에는 그런 기대가 크게 있었다.

총면적 708㎢. 제주도의 38%에 불과한 땅덩이지만 변방의 요새였던 대마도는 본토보다 우리나라 남해안에서 훨씬 더 가깝다. 대마도에서 후쿠오카가 138㎞인데 반해 쾌속선이 뜨는 부산항에서는 49.5㎞로 지근거리다. 맑은 날이면 육안으로도 거제도가 훤히 바라다보인다.

예로부터 조선통신사의 내왕이 빈번하여 오랜 세기 양국간 외교와 문화적인 교류가 활발히 이루어졌다. 특히 대륙의 선진문화가 한반도에서 일본 본토로 유입되는 중계지로의 역할을 대마도가 담당해 왔다.

이제야 발을 디딘 대마도는 에메랄드빛 초록의 섬이었다. 때 묻지 않은 자연이 지순하고도 원시적인 자태를 품고 있었다. 면적의 89%가 산악지대로 울울창창한 삼나무, 편백, 단풍나무 삼림에 폭 감싸여 바다에 뜬 정원 같은 느낌을 주었다.

에보시다케 전망대에서 내려다보인 리아스식 해안의 절경과 그림처럼 떠 있는 겹겹의 작은 섬들. 물안개가 자욱한 토요타마쵸에 아련히 아소만을 바라보는 와타츠미 신사는 더없이 적요했다.

신화의 나라 일본에서도 최고最古로 전래되는 토요타

마히메와 호호데미 해신을 주신으로 모신다는 절간. 용궁의 전설이 전해져 내려오는 와타츠미 신사는 유서 깊은 신전이다. 본전 정면에서 일직선으로 나열해 있는 다섯 개 토리이鳥居 중, 아소만에 박힌 두 개의 토리이는 조수 간만의 차에 따라 모양을 달리하며 신묘한 기운을 해궁에 불어넣고 있는 것처럼 느껴졌다.

거기서부터 그리 멀지 않은 대한해협과 쓰시마 해협이 마주치는 곶串. 예전에는 군사 방어의 거점이었다는 절벽에 오르자, 세차게 몰아치는 물살의 유동으로 쓰쓰자키 해변의 고요는 흘러간 역사의 파동만큼이나 장중하게 느껴졌다.

소음 없이 조용한 시가지는 어디를 도나 말끔했다. 이즈하라의 상주인구가 일만 명 정도라니 현지인을 구경하기가 오히려 어렵고. 거리 곳곳에서 마주친 인파라는 게 거의는 한국인 관광객이었다. 일본말보다도 한국말 소리가 더 크게 들렸다.

분명 처음 밟은 외국인데도 주도 이즈하라의 풍물이 전혀 낯설지 않았다. 아니, 오랜만에 다시 온 고향처럼 어딘지 친숙한 느낌마저 들었다. 걷다 보면 몇 번이고

원점으로 되돌아오곤 했던 소박한 읍내 같은 풍광들. 그 한가운데를 흐르는 냇물의 정경도 내가 나고 자란 동네와 똑같은 점이 신기했다.

그뿐만이 아니다. 도시 중심부에 오도카니 박혀있는 낡은 적벽돌집의 우체국 건물이라니! 그 정문 앞에 우뚝 버티고 서 있는 몸통이 아주 큰 빨강 우체통을 본 순간 얼마나 반가웠는지 모른다. 수십 년 전의 우리 동네 우체국 앞길에 서 있는 착각에 빠져들 뻔했으니까.

고향의 옛 거리가 그곳에선 추억이 아닌 현실의 풍경으로 재현되고 있었다. 신통하게도 대마도는 이미 사라졌거나 변형되어 다시는 만날 수가 없어진 옛날의 정취를 고스란히 간직한 시간이 멎은 동네 같았다.

옛날 내 고향 시가지의 지표가 되었던 냇물 다리 앞 붉은 벽돌집인 우체국 건물. 깨알같이 메운 편지의 수신인 주소를 뚫어지도록 바라보다가 몇 번이고 망설이며 우체통에 집어넣으면, 텅 하고 떨어져 내린 둔탁한 울림.

그건 한 통의 연서가 아닌 부풀어 오른 내 심장의 박동 소리였을 것이다. 그때의 몸집 큰 그 빨간색 우체통이 대마도 이즈하라 시내 우편국 앞길에 지금도 가면 서 있다. 옛날과 똑같은 얼굴을 하고서.

과거의 잔재를 허문 곳에 바벨탑처럼 높게 쌓아 올린 번쩍거림이 아닌, 100년 전과 똑같은 모양의 나지막한 지붕들. 허름한 관청과 낡은 다다미 목조건물도 여행자의 눈을 순하게 다스려 주었다. 유구한 것들이 주는 편안함이었다.

한국과 관련된 흔적을 찾아서 좁은 골목길을 누비다 보면 곳곳에서 발길이 멈춰진다. 나고 자란 동네와 아주 흡사한 풍경들이 여기저기에 산재해 있다. 타임머신을 타고 과거의 시계로 날아온 것 같은 기시감에서 걸어온 길을 자꾸만 되돌아보았다.

좁은 골목집 담벼락마다 붙어 있는 손바닥만 한 꽃밭도, 그 옆에 무심히 놓인 양철 바케스나 잡동사니들도 어찌 그리 눈에 익던지. 전생의 옛 동네를 배회하는 느낌마저 들었다.

그러고 보니 근현대사에 이르러 우리도 모르는 새 일본의 풍속을 속속들이 흡수한 채로 살고 있었구나, 그런 자각을 새삼 하게 된다. 국권을 피탈 당한 식민 지배의 시간이 길었기에 자연히 스며든 문명 간의 혼합일 것이다.

대마도는 소박하고 정겨웠다. 그건 쓰시마가 우리 땅의 지척에 있는 이국이라는 점, 그 섬이 훼손되지 않은 원형을 간직하고 있다는 것, 여기저기에 산재한 선조들의 자취를 접하며 역사의 뒤안을 돌아볼 수가 있었다는 데 기인한 친근감일 것이다.

신묘하게도 대마도는 본토인 일본 열도보다는 대한해협 쪽의 우리 산야를 그윽이 바라보는 형상처럼 느껴졌다.

역사의 뒤안길에서 자꾸만 눈에 밟히는 얼굴이 있었다. 덕혜옹주다. 정략결혼을 한 그녀의 남편은 대마도의 마지막 영주 소 타케유키 백작이었다. 그리고 그 두 사람의 삶은 애처롭고 지난했다.

1925년 열세 살 때 유학이라는 허울로 탄압국에 인질이 되어 끌려간 고종황제의 고명따님 덕혜옹주(1912~1989). 그녀는 1931년 5월, 대마도 번주 후예인 소 타케유키(1908~1985) 백작과 혼인한다. 일본 황실이 밀어붙인 식민지하 조선 황족의 내선일체 술책이었다.

가엾게도 결혼 일 년 전쯤부터 발병한 조발성 치매증이라는 정신병을 옹주는 이미 앓고 있었다. 결혼 후 병세가 심화되었고 여러 난관에 봉착했을 이후의 삶이 예견된 처절한 불행의 연속이었음은 두말할 나위 없다.

12세기부터 소씨宗氏 문중이 다스려 온 봉토 대마도를

덕혜옹주는 1931년 10월 남편이 된 소 백작과 그녀로선 처음이자 마지막으로 방문했었다.

  백작 부부의 결혼 후 첫 영지 방문을 기념해 대마도의 조선인들이 세웠다는 비석 원형은 한일 관계의 부침 속에서 파괴되었다고 한다. 훗날 쓰시마현이 다시 세운 덕혜옹주결혼봉축기념비가 가네이시 성터 한쪽 모퉁이에 무심히 서 있었다.

푸른 비망록

 올해는 가톨릭신자로 세례성사를 받은 지 55주년이 되었다. 파노라마처럼 스치는 기억들이 어제 일 같은데 유수와 같이 흘러간 세월. 순례자처럼, 때로는 도시의 방랑자가 되어 배회했던 지난날의 서사는 곧바로 나의 인생길이었다. 아스라이 저 너머 흑백사진처럼 피어나는 영상.

 눈이 소복이 쌓인 크리스마스이브였다. 모두가 가난했던 그해 성탄절에 나는 세례를 받았다. 삼백이십 조항 교리문답 책을 딸딸 외우고도 모자라서, 일 년 반 동안이나 착실히 교리 공부를 더 하며 세례를 받기 위해 성심을 다해 집중했다. 그나마 평생의 밑천이 된 교리의 기본기도 따지고 보면 이때 또박또박 외웠던 작은 문답책에 기인한다.

어린 나이에 뭘 바라고, 대체 무엇에 홀렸기에 그리도 열성이 뻗친 거였을까. 예비신자 기간에는 눈이 오나 비가 오나 매일 새벽 미사를 단 한 번도 거른 날이 없었다. 누가 억지로 등을 떠민 것도 아닌데 어째서 그토록 열정적으로 성당에 매달렸는지 알 수가 없다.

세례식 날 여자는 순결의 표지로 하얀색 드레스나 흰 한복을 입어야 한다고 했다. 함께 교리 공부를 했던 예비자들은 가톨릭신자로 새롭게 태어나는 그날의 예식을 위해서 도톰한 공단에다 자수를 놓은 진줏빛 화려한 한복을 단체로 맞춰 입고 나왔다. 축제처럼 멋들어지게 흰 드레스를 빼입고 나온 여자도 있었다.

아버지가 돌아가신 후 집안 형편은 곤궁해졌다. 그것을 온몸으로 체감하고 있었기에 나는 어머니께 세례식 날 입을 한복을 맞춰달라고 차마 입을 떼지 못했다. 혼자 고민하다 궁여지책으로 아버지의 장례 날에 상복으로 입었던 누런 광목천으로 만든 소복을 꺼내어 입고 세례식에 갔다.

동지섣달 엄동설한에 덜덜 떨었을 터지만 이상하게도

추웠던 기억은 잘 떠오르지 않는다. 교리 공부 장소였던 수녀원 2층 강당의 삐걱거린 마룻바닥 소리까지도 세세히 귓전을 울리건마는.

언제 걸어도 성당으로 올라가는 숲길은 한적하고 평화로웠다. 시가지 한가운데 높은 고지대에 우뚝 솟아 있어 시내 어디서나 바라보이는 고딕양식의 고풍스런 공주 중동성당은 정경이 아름답다. 평생을 두고 그리움을 주는 내 마음속의 풍경이다.

함께 세례를 받은 간호고등학교 언니들 얼굴과 세례식의 분주한 예절들, 동그란 얼굴의 대모님 모습까지도 선히 떠오른다. 교리를 가르친 안경 쓴 깐깐한 원장 수녀님의 단호한 음성과 표정도 어제 일처럼 눈에 잡힌다. 한 번만이라도 간절하게 돌아가 보고 싶은 모향의 잔재가 아닐 수 없다.

그때는 가톨릭의 교리가 어찌나 엄했던지, 결혼하기 전까지는 아무리 약혼자라 해도 뽀뽀하면 대죄를 범하는 것이라고 수녀님은 눈 하나 깜빡 않고 윽박질렀다. 손잡는 거까지는 괜찮지만 그 이상의 스킨십은 모두 죄가 되는 행위라고 했다.

까딱하다가는 영락없는 지옥행인지라 십계명을 거스르지 않고 죄를 피해 도망 다니느라 무던히도 애쓰고 긴장한 그때가 잊히지 않는다. 예비자 교리 시간에 주입된 선악에 대한 경계선이 아마도 내 윤리관을 형성한 최초의 기준점이 되었을 것이다.

세상 이치라는 건, 또 그것을 가르는 척도는 시대적인 배경과 문화적 요소가 작용하기 마련이다. 지금 세상에는 절대 악이라는, 절대 선이라는 양분된 개념조차 실은 모호한 구시대의 유물이 되지 않는가.

그만큼 어둑한 시대를 내가 살아온 거로구나, 그런 생각이 미치면 헛웃음이 나온다. 셀 수도 없는 금기 조항에 대한 제약이 그때는 교회 안에 무수히도 많았다.

오직 선과 악의 이분법으로 양심을 가르는 데서 조금 큰 계명을 어기면 가차 없이 대죄요, 소소한 잘못들은 소죄로 떨어지고 마는 판국이니 어차피 죄인의 프레임인 셈이다. 마치 중세기에 살다가 날아온 인류 같은 심정에서 지금처럼 두터워진 회색지대는 감히 상상 밖의 영역이었다.

이래저래 죄라는 범주를 헤아릴 도리가 없으니 하느님은 심판자로 군림하는 무서운 신! 당연히 고해성사는 가장 무겁고도 중대한 성사 중의 성사가 아닐 수 없었다.

하느님은 분명 선 자체이며 사랑 자체일 터인데. 선을 강조하려다가 그와는 반대급부인 죄악을 교회는 너무도 오랜 세기를 두고 절대적으로 부각시켜 왔다. 그런 독선과 오류에서 온 세상만사가 죄악으로 화한 모순을 빚어낸 건 아니었을까.

여하튼지 두부모처럼 반듯하게 제대로 세뇌당한 예비신자 기간을 거치고서야 세례성사라는 관문을 통과할 수가 있었다. 일생일대의 가톨릭 운명 공동체에 그렇게 합류했다.

철두철미 중무장한 교리 실력 덕분인지 이래저래 세상이 참 많이 변했는데도 그때나 지금이나 교회에서의 내 위치는 오갈 데 없는 일개 중죄인에 불과할 따름이다.

마지막 찰고가 끝나고, 벽안의 파리외방전교회 소속 본당신부님은 프랑스 루르드의 성녀 베르나데트를 나의 주보로 정해주셨다. 유별스럽도록 몸이 가녀리고 나약한 아이를 바라보면서 허약했던 베르나데트 성녀를 떠올리셨는지도 모르겠다.

베르나데트Bernadette라는 세례명을 받고 성교회의 딸로 다시 태어난 성탄절 이브. 그날 자시미사 때 첫영성체를 했다. 미사 봉헌 때마다 영성체하는 신자들이 대단한 특권을 누리는 성도들처럼 몹시 부러웠는데 아아, 이제는 나도 성체를 영 할 자격이 부여된 것이구나, 그 점이 가장 두근거리고 떨렸다.

지극한 감동이 몰려왔다. 그토록 신비스러웠고 무한히 동경했던 성체를 내 안에 모신 것이다. 예수님의 몸과 피라는 저 하얀 밀떡은 대체 무슨 맛이지? 동그란 작은 형상 안에 예수님이 현존하신다는 성체를 영하면 배가 부르겠지?

그것이 못내 신기하고 궁금했었다. 그때는 세 시간 전부터 공심재를 철저히 지켜야 해서 영성체를 하는 사람은 온전히 한 끼를 굶어야만 했다.

신앙심에 불타올랐던 나는 비록 영성체할 자격이 주어지지도 않은 예비신자의 처지였음에도 불구하고 미사성제 때마다 주님께 바치는 희생의 표지로 언제나 공심재를 지켰다. 그래서인지 성당에 오갈 때면 허기가 지고 힘이 빠졌다. 이렇게까지 갈구하면서 준비했던 성세의 의미는 주님의 몸과 피를 영하는 성체성사로 하여 그 기쁨을 한껏 배가시켜 주었다.

세례받을 날이 다가오자, 원장수녀님은 평생에 단 한 번뿐인 첫영성체 때 드리는 기도는 예수님이 반드시 꼭 들어주시니 소원을 한 가지씩 미리부터 생각해 두었다가 청하라고 일러주었다.

 아기예수의 탄생이 재현되는 그 거룩한 한밤중의 축제에는 다시금 소복을 차려입고 참례했다. 옛날 자시미사는 문자 그대로 밤 12시 자정에 맞춰 거행되었다. 낮에 세례를 받은 사람들은 미리부터 와 가슴에다 조화를 달고 맨 앞줄 장괴틀에 꿇어앉았다.

 장엄한 크리스마스 축가가 오래된 성당 안에 가득히 울려 퍼지며 자시미사가 거행되고 있었다. 드디어 제대 앞으로 나가 첫영성체를 하는 순서가 되었다. 간절하고 간곡한 기다림 끝에 처음으로 영하는 성체!

 강물처럼 얼마나 눈물이 쏟아져 내렸는지 모른다. 춥고 누추한 내 영혼의 처소에 나사렛의 예수님이 찾아오신 떨림이었다. 깊은 감동이었다.

 그때 나는 인성으로서의 예수를 열절히 사모했던 것 같다. 면병 속의 성체가 입속에서 녹아 넘어가기 전에 예수님을 내 안에다 붙잡아 놓고는 얼마나 애절히 간구했는지 모른다.

"주님! 이젠 제가 다시 학교에 다닐 수 있도록 도와주세요. 네? 예수님!

그리고 영원히 주님을 믿고 바라보고 사랑하게 해주세요. 예수님!" 하고.

어려서부터 말이나 생각을 가슴속에 꼭꼭 묻어두는 말 없고 수줍은 애잔한 아이였던 나. 그런 내가 아버지를 여읜 그해 봄부터 시름시름 앓기 시작했다.

한창 팔팔해야 할 청소년기에 대청마루의 기둥이나 벽에다가 몸을 기대지 않고서는 혼자서 똑바로 앉아있지도 못할 만큼 몸이 쇠약했다. 병명도 없이 탈진하여 책가방을 들고 도저히 학교에 다닐 기운이 없어 결국은 중학교 2학년 1학기를 간신히 마친 상태에서 휴학에 들어갔다.

그런 후 일 년이 훨씬 더 지났는데도 복학하지 못하고 있었다. 단지 집과 성당만을 오가는 단조로운 일상이 길어지다 보니 의기소침하고 딴 세상 사람들처럼 점점 거리가 멀어져 가는 활달한 동급생들이 부러웠다.

학교에 가서 다시 공부하고 싶었다. 교복인 세라복을 입고 가슴엔 배지를 달고 책가방을 들고 등하교하는 여학생의 모습으로 다시 돌아가고만 싶었다. 이날에 아침 저녁으로 성당에 꿇어앉아서 간절히 올린 기도를 주님은 듣고 계셨나 보다. 이듬해 신학기를 기해 복학하는 행운이 내게 주워졌기 때문이다.

두 해가 넘도록 휴학했던 관계로 동생과 같은 학년이 되었기에 집을 떠나 기숙사가 있는 인근 도시의 여학교로 전학 형식을 취해 복학하였다. 한데 그 학교가 우연인지 아니면 미리부터 예정된 필연이었는지는 알 수 없지만 수녀원에서 경영하는 가톨릭 미션스쿨이었다.

그날로부터 고등학교를 졸업하기까지 기숙사에서 보낸 5년 동안의 학창 시절은 나의 전 신앙생활을 통틀어 볼 때, 그리고 인생에서 가장 다감하고도 행복한 시간이었다. 아가서의 신부처럼 오직 주님만이 나의 희망, 나의 사랑이라고 고백할 수가 있었던 애틋한 계절. 그때는 참말이지 주님을 몹시 그리워했다.

생의 자취를 돌아보건대 매우 엄격한 수녀님이 기숙사 사감이었던 중고등학교의 학창 시절은 삶의 노정에서 그중 순후한 계절이 아니었나 한다.

수녀들이 선생님인 학교. 교실과 도서관 어디를 가나

십자고상과 성모상이 모셔져 있는 지극히 종교적인 분위기와 맑고 절제된 환경이 주는 평화를 나는 사랑했다.

기숙사 우리 방에서 바라보이는 정원의 작은 동굴 안에는 성모상이 모셔져 있었다. 나는 이 석고 성모상을 가끔 아무도 몰래 깨끗이 물로 닦아서 제자리에 살며시 가져다 놓곤 했다. 단체로 학생들이 영화관람을 가면 일부러 남아 기숙사의 반재래식 화장실과 복도 청소를 그 누구도 눈치 못 채도록 말끔히 해놓곤 했었다. 그렇게 작은 희생의 꽃다발을 무수히 주님께 바치곤 했다.

고통의 심연에서 다다른 피안처럼 언제나 숭고한 감수성으로 충만했던 모교의 캠퍼스는 다함없는 신심의 세계로 내 영혼을 이끌어 간 영성의 징검다리가 되어주었다.

모든 생각과 상념의 근원이 오직 주님이었고 언행과 사고의 중심에는 언제나 주님이 자리한 그곳은 힘겨운 인생길에서 가장 성스럽게 안배된 선물이었다는 생각이 든다. 은총처럼 주어졌던 이 시간대의 축복에 대해 나는 신께 무한한 감사를 올려야만 할 것이다.

AJ 크로닌의 〈천국의 열쇠〉를 읽으며 치셤 친부에게 무한대로 빠져들 수 있었던 감성의 바닷속. 타고르와 헤르만 헤세를 동경하고 학교 도서관에서 바라보는 유난히도 푸른 하늘을 올려다보며 초월적인 세계를 몽상하였던 때.

칼릴 지브란과 칼 라너와 십자가의 성 요한에게 심취하여 영혼의 문을 활짝 열어젖힌 시기. 포켓 영한사전처럼 낡도록 들고 다니며 읽고 또 읽고 묵상에 잠긴 토마스 아켐피스의 준주성범은 신께로 가는 오솔길을 밝혀준 등불이었다.

몸은 여전히 쇠약해서 월말시험 때만 되면 위아래 입술이 죄다 부르트고 끙끙 앓아누워야만 했다. 오륙백 미터 떨어진 시장에 나갈 때조차 중간쯤에서 한두 번은 길가에 앉아 쉬었다가 가지 않으면 발걸음을 뗄 수가 없었으니까.

남들처럼 밤을 꼬박 새워가며 공부를 단 한 번이라도 실컷 해보고 싶은 게 소원이었지만 이후의 전 학창생활을 통틀어도 날밤을 지새운 그런 꿈을 실현하지는 못했다. 그래도 예수님께로 향한 동경과 오롯한 사랑으로 불타오른 기숙사 생활은 무구했던 생의 발자취로 새겨져 있다.

대세를 받고 임종하신 아버지를 매개로 성당에 발을 내디딘 나의 입교는 우연히 마주쳐서 스쳐 지나가 버리고 만 요식행위는 결코 아니었을 것이다.

 그 길에서 만난 예수는 인생이라는 여정에서 의식의 중심부를 관통한 기호가 되었고 구도의 목적지였으며 운명적인 인생행로가 되었다. 삶의 질곡을 헤쳐 나오느라 메마르고 거칠게 변했던 어떤 경우일지라도 이마에 새겨진 인호처럼 하느님의 이름이 내 가슴 깊은 데서 지워진 날은 단 한순간도 없었기 때문이다.

 무슨 질긴 숙명의 끈이었기에? 성세성사를 통하여 되돌릴 수가 없어진 하느님과 나의 관계는 어쩌면 운명의 수레바퀴처럼 돌고 돌아가는 끈질긴 숙연이었는지도 모르겠다.

 젊었던 날에는 두말할 것도 없이 모든 사유의 중심이었던 예수라는 이름이 납덩이처럼 점점 버거워지기 시작했다. 신앙의 휴지기에 다다른 모양이었다. 교리와 계명이 사슬처럼 여겨져서 짐스럽고 귀찮아져만 갔다.

 꼭 지켜야 하는 주일미사에 대한 의무감도, 고해성사의 부담도 내게서 퇴색된 의미로 변질되어 갔다, 그럴수록 내재된 잠재의식 속의 변별적 지성은 교회로부터 나를 점점 더 멀리 분리하고 있었다.

 어떠한 명제에도 결코 얽매이고 싶지 않은 무신론적인 욕구. 그 어떤 개체로부터의 속박도 단연코 거부하고만 싶었던 끝없는 자유에의 갈망! 추상적이고도 인위적인 거대한 초상으로부터 해방되어 훨훨 날아가고 싶은 자유를 나는 얼마나 꿈꾸고 추구했던가.

 그렇게 시초 한 방황은 오랜 날들 내 의식의 전 영역을 지배했다. 복잡다단하게 억압된 인위적인 요소로부터의 단절을 통해서 얻어질 형이상학적인 자유를 나는 갈망했나 보다. 그것은 메아리 없는 짝사랑의 구호가 되어 일방통행으로 끝나버리고만 신을 향한 반항이었는지도 모르겠다.

 유전적으로 순수 영성의 소유자였던 아메리칸 인디언의 내적 세계에 빠져든 것이 아마 그 무렵이었을 것이다. 나는 자연의 일부분으로 인식된 단순한 그들 삶의 방식에 매료되었다.

 그즈음부터 '우주를 떠다니는 선한 기운'에 대한 상념에 젖곤 했다. 눈에 보이지 않는 신의 존재란 건 결국에는 우주를 떠다니는 선한 기의 총체와도 같은 것.

그로부터 파생된 강렬한 에너지의 복합체가 바로 신의 본성이 아닐까 하는. 그러니 나 또한 이 우주 공간에 악한 기운이 아닌 선한 에너지를 보태는 영혼이 되어야만 하리라는….

아무도 나에게 가르쳐 주지는 않았으나 관심법처럼 직관으로 관통한 본질에의 탐구를 나는 꾀나 오랜 기간 지속했다. 자격증 없는 철학자가 되어 자연주의자 같은 담담한 영적 자유를 갈망하며 방황의 늪을 헤매었다.

이제 와 그걸 방황이라 규정하는 것은, 그 길에서도 결코 영혼의 평화를 누리지는 못했으며 언제나 돌아가야 할 본향과도 같은 존재가 끊임없이 나를 부르고 있었다는 것. 나 또한 그의 음성을 의식했고 그의 품을 갈망하고 있었다는 그 점 때문이다.

신앙에 대한 나의 방황은 아직도 마침표를 찍지 못한 미완의 진행형이다. 어쩌면 생을 마감할 그 순간까지도 지속될지 알 수가 없는.

주 예수! 그 이름을 잊을 수는 없었지만 이 글을 쓰고 있는 지금도 가톨릭인으로서의 나의 주파수는 미미하기 이를 데 없다. 내 영혼은 한없이 암울하고 무미건조

하다. 다만 베르나데트인 나에게 예수라는 의미는 결코 내려놓을 수가 없는 양어깨에 짊어진 무거운 십자가라는 사실을, 나는 알고 있다.

구도의 길은 인생사와 흡사하다. 삶의 무대에는 비바람치고 햇볕 드는 날이 공존하듯 신앙생활 역시 "내 주를 가까이" 하는 뜨거운 한때가 있는가 하면 얼음장처럼 차가운 냉담의 터널을 통과해야만 한다. 살아보니 열정과 냉탕 사이를 오가는 신앙생활이 곧 인생사가 아닐까 싶어지니 말이다.

이제는 살아온 날보다 살아갈 날수가 훨씬 짧아진 저물녘에 서 있다.

새벽녘 길을 나선 해님이 온종일을 헉헉대며 달려가야만 닿는 거리. 그 하늘가 모서리에 토해낸 붉은 저녁노을은 하루살이 해님 인생의 고단한 한숨일 테지. 그 영역 어느 지점인가에 내가 지금 당도해 있다. 밟고 지나간 흔적들이 살아온 세월의 이력이 되고 있는 나이.

머지않은 날 나는 이 세상에서의 순례를 마칠 것이다. 세상 모든 이치와 이성을 뛰어넘는 영역 그 너머에 계실 주님! 지금은 가리어져 희미하게 보이나 어둠의 장막이 걷히는 날, 그때는 주님 얼굴을 맞대고 볼 수 있지 않겠는가.

올해의 성탄절은 영세한 지 만 55주년이 되는 날이다. 반세기도 더 지나버린 그해의 성탄처럼 실로 오랜만에 자시미사를 기다리고 있다. 비록 그날의 감회와 설렘을 재현할 수는 없다 할지라도 아버지의 집으로 돌아가고 싶은 탕아의 심정으로 오늘 밤의 자시미사 참례를 준비한다.

다시 돌아가야만 하는 자리. 처음으로 주님을 영했던 자시미사 때의 그 간절한 기도 속으로 나는 돌아가야만 할 것이다. 그리고 영원히 주님을 믿고 바라보고 사랑하게 해주세요. 예수님! 하고 기도해야 할 것이다.

부적이 되고 싶은 마음

 제목을 적으면서 갑자기 내가 신기라도 들었나? 한순간 여기 생각이 미치니 으스스하다. 하다 하다가 이제는 부적이 되고 싶다는 생각을 다 하고 있다니. 한 번이라도 그 누구에게 제대로 부적 같은 노릇이나 해준 적이 있었다고?!
 부적은 미신으로 치부되는 신물이다. 적어도 내게는 그러하다. 그런 부적을 나름 재해석해 보자면, 루가복음에 나오는 착한 사마리아인의 비유가 떠오른다.
 "곤궁에 처한 사람을 외면하고 그 자리를 피해 달아나지 않은 신불神佛"적인 의미에서.
 당시 사마리아인은, 선민의식이 골수까지 뻗쳤던 유

대인들이 적대시하고 배척한 인종이었다. 어느 날 길을 가는데 한 유대인이 강도를 만나 옷이 다 찢기고 두들겨 맞아 반쯤은 죽어가고 있었다.

 누군가의 도움이 절박했던 그 순간, 그의 곁으로는 유대인 율법 학자와 사제 직분의 레위인이 지나갔다. 그런데 그들은 못 본 척 외면을 하고는 일부러 먼 길로 돌아서 그를 피해 갔다. 그런데 얼마 후, 이 길을 지나가던 한 사마리아 사람이 그를 발견하고 가던 길을 멈춘다.

 사마리아인과 유대인은 서로 적대시한 사람들이었다. 상종하지 않는 원수 같은 사이였지만 그 선한 사마리아 사람은 고통으로 신음하는 유대인에게로 다가가더니 상처를 닦아 싸매주고 자기 주머니를 털어 그를 위급함으로부터 구해내었다.

 강도를 맞고 죽어가는 유대인에게 있어, 그의 목숨을 살려준 사마리아 사람은 바로 그 순간의 부적과도 같은 존재가 아니었을까. 이것이 부적의 현대판 버전이 아닐까 한다.

 돌이켜 보면 살아오는 동안 나 역시도 곳곳에서 부적에 버금가는 귀인을 만났다. 아니, 그 숱한 부적들의 도움 발이 있었기에 이 정도로나마 여기까지 무사히 안착할 수가 있었는지도 모르겠다.

생각하면 적시에 나타나서 구원의 손길을 내밀어 준 고마운 사람들. 바로 그들이 나에게 왔던 인간 부적이 아니었을까 한다. 어쩌다가는 나 역시도 누군가에게 부적이 돼준 적이 분명히 있었다. 그건 부적의 은혜를 입고 살아온 자로서의 자연스런 도리이며 갚음이었다. 일종의 부채 의식과도 같은 선행이었을 것이다.

지구상에서 신기가 가장 강한 민족을 꼽으라면 아마도 한국인이 그 첫손가락에 들지 않을까? 오래고 오랜 세월 심층 깊숙이 우리 민족은 당산나무, 서낭당 같은 자연물을 숭배하면서 미신에 접목된 지난한 삶을 영위해 왔다.

누구나 다 아는 삼신할머니부터 부뚜막을 지킨다는 조왕신에 이르기까지 무의식적인 민속신앙의 교도들인 우리 민족에게 있어 부적은 결코 낯선 신물이 아닌 것이다. 실제로 부적을 품 안에, 혹은 집 구석구석 붙여놓고 살아가는 사람들이 부지기수다.

우주 법계의 증험을 그렸다는 만다라처럼 불성의 강력한 기가 발산된다고 믿는 불화를 걸어놓고 소망을 비는 이들도 드물지 않다. 그들에게 만다라는 주술 차원을 넘어 인간사 재앙을 피하고 화복을 부르는 수호 체계로서 즉 부적이라 할 것이다.

일별할 것도 없이 우리의 삶은 온갖 부적들로 넘쳐난다. 나를 보호하고 출세시켜 주리라 믿는 일류대학교의 졸업장이 그것이며, 최상, 최고를 과시하는 각종 로고나 상패, 연줄과 스펙이 저마다 기대고자 하는 현대판 부적이다.

주변의 어떤 사람은 용케도 전현직 대통령과 찍은 사진을 수첩에 고이 끼고 다니면서 곤경에 처할 때면 슬쩍 내미는 걸 보았다. '내가 이런 사람이오!' 웅변조인 그런 부적의 주술이 때론 신묘하게 먹히는 세상이고 보니 그에게 그 사진 몇 컷은 평생의 신물이 아닐 수 없다.

살아오는 동안 나는 몇 번이나 누구에게 부적 같은 은혜로운 존재가 되었었던가. 아니 도움을 애걸하는 눈길을 뻔히 보고도 성서 속의 유대인 랍비처럼 멀리 돌아간 건 아니었는지? 생각하면 남에게 부적이 되어주었기보다는 부적의 덕이나 바라고 살아온 인생이 아닐까.

이제라도 다시 돌아봐야지. 꼭 그리하고 싶다. 생색내

거나 티 내지 말고 누구에게 한 끼 밥이라도 흔연히 사주는 일, 시쳇말로 석사, 박사보다 더 높은 학위가 '밥사'라는데 그런 작은 부적의 덕이나마 실천하고 싶다.

'부적 같은 존재가 되고 싶다'고, 수선 떤 것은 그게 미신이든 착한 사마리아인의 선행이 되었든 간에 나도 복을 뿌리는 선한 에너지로 머물고 싶은 소망의 일단인 것. 그리고 지향점이다.

나를 기억해 줄 사람

대학병원에서 건강검진을 받았다. 어느 단체의 일원으로 주어진 조금 업그레이드된 항목의 검진이었다. 평생을 의료기관에서 근무하여 가장 익숙하게 스며드는 공간이 병원인데도 막상 진료 때문에 내원하려면 적잖은 스트레스에 시달린다.

별나게 혈관이 가늘어서 피 한 방울 뽑을 때조차 애로를 겪는 채혈 과정도 병원을 기피하게 만든 독소다. 또 괜히 약자의 처지가 되어 호명하는 대로 여기저기 불려 다니며 긴장하고 시달리는 절차도 곤혹스럽다.

무엇보다도 뭐 별일이야 있겠어? 그런 희망 사항 같은 객기가 격년제로 오는 검진일 그 하루마저도 피하고 싶게 했다. 그렇게 미루고 방치하다가 예약 한계 일이 닥치면 귀찮아도 어찌할 수 없는 심정으로 검진센터에 출두하고는 했다.

올해의 일정도 이미 세 번씩이나 연기를 했었고, 별수 없이 건강검진을 위해 병원으로 갔다. 그런데 수면 내시경을 한 위에서 문제가 발생했나 보다. 위장 한쪽 부위가 붓고 벌겋게 곪아 있어 조직검사에 들어갔다는 것이다.

나의 신체 부위 중 살아오면서 가장 시원찮게 작동한 장기가 위장이 아니었나 한다. 물론 가장 고마웠던 부위도 위장이었을 것이다. 좀 배부르게 뭐라도 먹을라치면 거의는 필요 이상 속이 부대끼고 더부룩했다. 다행히 소식이 습관 되어 오늘까지 큰 탈 없이 지탱해 올 수가 있었다.

그런데 요사이 식후에 위장의 통증과 팽만감으로 시달렸었다. 그걸 무마하느라 숟가락을 놓자마자 자주 드러눕게 되니 어떨 땐 소가 된 것 같은 기분이었다.

2주 후에 결과가 나온다는 간호사의 설명에도 이상하리만치 동요를 느끼지 않았다. 둘 중 하나의 오더가 내릴 것이다. 운 좋게 약 복용으로 땜질이 되는 처방이던가, 아니면 정말로 성가시고 고통스런 사태에 직면할지도 모르겠다는.

 돌연사가 아닌, 명이 다해 떠나는 죽음이라면 인간은 누구나 두 가지 경우의 수에 봉착한다. 학질을 떼도록 주야장천 앓다가 한 많은 세상을 등지던가, 아니면 운 좋게 멋으로 앓는 시늉만을 잠시 하다 숨이 멎는 경우. 백 세 시대에 단연 후자가 복 중의 천복이지만 어찌 됐든 병치레는 죽음으로 건너가는 서곡임은 틀림없다.
 마른하늘 날벼락이 아니라면 인간은 누구나 길든, 짧든 제 몸에 생긴 탈을 기화로 병질과의 사투를 벌이다 끝내 숨을 거둔다. 그것이 피와 살의 결합체인 육신을 가진 인간의 숙명이다.
 이렇게 이치에 밝은 명료함으로 나라는 존재는 죽음에 대해서는 꽤나 자유로운 사관을 견지하며 살아왔다고 자부한다. 지금도 그 점에는 딱히 이견이 없다. 그런데 아주 친밀한 고교 동창생 그룹인 4인방 단톡방에 조직검사 얘기를 별생각 없이 꺼냈는데 그중 한 친구가 이런 톡을 보내왔다.

 "울고 싶은 심정, 눈물이 나서 울었어. 하느님께 우리

윤자를 낫게 해달라고 기도했어. 얘가 나보다 먼저 떠나면 어떻게 하나, 그러니 하느님이 살려달라고 기도했단다."

아직 검사 결과도 안 나왔고 더욱이 정작 본인은 무심하기 이를 데 없는데 옆 사람이 되려 호들갑을 떠는 모양새가 되고 말았다. 아마도 수십 년 축적된 미운 정 고운 정이 아니겠는가 하여 내심 콧날이 시큰했다.

만일에 내가 이 친구들에 앞서 먼저 죽는다면?

이 세상에서 나를 위해 눈물을 흘리고 기도해 주며, 또 기억해 줄 사람이 그 누구도 아닌 바로 여기 내 친구들, 고교 동창생인 이 사람들이겠구나, 그런 생각이 스쳐 갔다. 사후의 현장을 살짝 엿본 그런 기분이기도 했다.

그것은 비록 가상이지만 미구의 어느 날엔가는 분명히 닥칠 나의 죽음이란 종말에 대해 숙고하는 기회가 되었다. 살아있는 동안 가늠할 수 있어 좋은 일이었다, 아마도 이것은 내 여생에 참고가 돼줄 것이다. 소소한 이벤트로나마 보답하고 싶은.

지나고 보니 그래도 인간적이었던 20세기를 같이 건너온 나의 여고 동창생들. 남겨질 분신 없이 홀홀한 내 처지에선 그 누구보다 뱃속까지도 훤히 들여다보는 4인방이다.

"얘는 네가 왜 오버하고 난리야? 별거 아닐 텐데. 설혹 몸에 안 좋은 일이 생긴다 해도 정작 나는 덤덤할 건데. 예수님이 모처럼 내 이름을 귀가 따갑게 들으셨겠네. 아아 참, 그런 아이가 있었지? 하고. 그게 나는 더 눈물이 난다."

"울고 싶은 심정, 눈물 나서 울었어."
이렇게 카톡을 보내온 친구에게로 내가 띄운 답장이었다. 그런 기도 부대가 내 뒤에 있는 줄을 미처 생각 못했는데, 내심 든든하다.
검진 결과는 아직 모른다. 신체에 뭔 일이 얼마든 생길 수 있는 나이를 먹었기에 초연하다. 별일이 아니라면 삶의 리듬이 당장은 깨지지 않아도 될 터니 그 점이 다행스럽다. 아직은 몇 권의 책을 더 엮고 싶은 욕심을 부리고 있으니까.
어쨌거나 무덤덤하다고는 해도 경우의 수를 생각지 않을 수는 없는 노릇이기에 요즘에 와서 이런 기도가 입에 붙어 있다.

'이날까지 살아오며 범한 매 순간의 죄와 잘못을 주님 자비에 맡기고 싶다고….'

아무도 피해 갈 수 없는 운명으로 이미 정해져 있을 마지막 순간. 인간이라면 누구라도 삶이 닫히는 종말의 그 지점에 분명 서게 될 것이다. 설혹 그게 코앞의 현실이라 하더라도 신의 무한한 자비의 바다에 내 모든 허물을 담아서 녹여내고 싶은 마음 간절하다. 이것이 평생을 간구했던 나의 기도요, 눈물인지도 모르겠다.

4부

두 권의 책을 읽고 있다

맑고 깊게 흐르는 강

 다시금 새벽 앞에 앉았다. 두 시가 조금 넘은 시각에 눈을 떴다. 어제는 두 달에 한 번씩 만나는 초등 동창들의 정기모임이 있는 날이라 충무로에 나갔다가 들어왔는데 몸이 곤하여 초저녁부터 누웠다. 근심 걱정 없이 웃고 노닥거리는 데도 기운이 쑥쑥 빠져나가나 보다.

 무슨 이유인지는 알 수 없지만 요즘 들어 원고청탁이 줄을 이었다. 새로 출간된 잡지의 창간호부터 이름도 낯선 잡지사에서도 원고를 청탁해 주었다. 감사한 일이다. 무명의 작가에게는 더할 나위 없이.

 이런저런 잡지의 주간들께선 친히 "안 선생, 언제든 원고 한 편 보내주시지?" 전언을 보내왔다. 송구하게도 어느 유수 문예지의 편집인은 두 번 세 번이나 원고청탁을 해주었다.

숫기가 없고 부끄럼이 많은 성격 탓으로 내 자리는 언제나 말석이다. 등단 연륜으로 치자면야 중견 그룹에 속하고도 남을 계급장이지만 만년 신인처럼 얼굴도, 이름도 알리지를 못하고 소극적으로 맴돌았다. 그저 가늘게 숨만 들이 내쉬며 살아왔으니 시퍼런 존재감이 없었다.

지나친 겸손은 이 발랄한 시대와는 어울리지 않는 조합인 걸 잘 아는데 정신에 배어든 어줍잖은 초월성이랄까, 어쨌건 경쟁의 구도를 피해서 대로가 아닌, 오솔길을 찾아 걸어온 인생이었다. 타고난 성품이니 어떻게 하랴. 그런 내게 겹치는 원고청탁은 분에 넘친 환대니만큼 어찌 송구하지 않겠는가.

그런데 그 탐나는 지면에 단 한 줄 글을 올리질 못했다. 나름의 피치 못할 곡절이 있었다고는 해도, 이는 한없이 무기력하고 무모한 일. 삶을 전사처럼 투쟁적으로 이끌지 못한 미련에서까지 자유롭다고 말할 수는 없으리라.

살아온 날들 동안 날마다 사모한 시간. 아직은 먼동이

먼 어둠 속에서 무상의 실체를 직시하며 열려있는 이 새벽에의 뮤즈. 깊은 산중에서 미몽을 깨우는 수행승의 도량석처럼 가장 맑고 깊게 흐르는 우주의 기운을 흡입하고 싶었다. 우매를 흔든 눈 깊은 이들의 말석에 끼어 이 새벽의 신성함에 동참하고 싶었다.

그렇게 새벽은 내 영혼이 우주의 에너지와 접선이 되는 동굴이었다. 가만히 바라본 응시를 통해. 생멸의 기슭에서 서성인 머무름을 통해.

나라는 소우주가 무량하고도 거룩한 '우주의 마음'과 접속되는 새벽의 신비. 그 직관은 지상의 영토에서 매순간을 다시 털고 일어설 수 있도록 해준 묘약이었다.

인생에서 두 권의 책

 내 서가에서 단지 두 권의 책을 뽑으라 한다면 어느 걸 찜해야 하나. 그보다도 살아오며 내가 읽은 책의 권수는 얼마나 될까? 비록 완독은 못 했을지라도 내 손길을 스쳐 간 책의 숫자는 하늘의 별만큼 무수할 것이다. 일평생 오직 책과 씨름을 한 도서관의 사서로 살아왔기 때문이다.

 책은 나의 인생이었고 삶의 도구였다. 삼사분기가 되면 명년도에 구입할 도서 리스트를 작성해 견적을 받고 억 소리가 나는 예산을 편성해서 원안대로 통과시키는 일이 지상과제였다.

 삭감 없는 예산이란 낙타가 바늘귀를 통과하는 것만

큼 어려운 법이다. 그 정당한 명분에 발을 걸어오는 난관과 피곤한 절차를 거치며 마침내 상면하게 되는 수많은 단행본과 외국의 유수 저널들. 한 권 한 권 그 책들을 분류하고 서가에 꽂으면서 존재 이유와도 같았던 서적과 더불어서 늙어간 세월.

그렇게 두더지처럼 책 속에만 파묻혀 숨을 쉬다가 종래 나는 책을 저술하는 작가의 반열에 들게 되었다. 단순 소비자에서 생산자의 위치로 승격한 셈이었다고나 할까. 여하간에 책의 관리자인 동시에 저자가 되었으니 오직 책을 매개로 하여 숨을 쉰 인생이었다.

나의 전공과목이 종일 창구에 앉아서 돈을 센다거나 회계하는 일이 아닌, 책이라는 사실에 대해 얼마나 많은 순간 뿌듯했는지 모른다. 그건 너무도 잘 된 행운이었고 선택이었으며 속 깊은 자부심이었다.

내게 가장 익숙한 향기는 책 냄새다. 장마철이나 눅눅한 우중이면 도서관 서가에선 특유의 쾨쾨한 책 냄새가 풍긴다. 조금씩 틀어진 나무 서가에서 자기 이름표인 분류 기호 자리를 지키고 서서 발산하는 활자화된 종이책의 내음.

연륜이 오래된 책일수록 냄새도 깊다. 새 책에선 휘발

성의 잉크 냄새가 풍기지만, 오래 묵은 책일수록 파피루스 내음 같은 옅은 나무 향기가 난다. 종이책의 시조는 한 그루의 나무일터니.

이 다정한 서가에서 두 권 책을 무슨 재주로 가려내야 하지?

두말할 것 없이 책은 나를 키운 바람이었다. 감수성이 충만했던 학창 시절, 학교도서관 서가에서 무심히 빼내어 읽은 책의 페이지를 통해 나의 살과 뼈가 단단해져 갔을 것이기 때문이다. 그때 나는 소수의 문학서적과 대량의 명상서에 탐닉했었다.

중학생 때였나? 매우 심취해 빠져든 책 중의 하나가 『빙점』이다. 연달아 두 번을 읽었는데, 유감스럽게도 지금 내 서가에는 초간본이 꽂혀 있지 않다. 그 후 많은 세월이 흘러갔지만 『빙점』을 쓴 작가 이름과 책 표지는 잊은 적이 없다. 그만큼 각인된 책이었다.

"내 마음의 얼음점은 어디인가요?"

어느 날 불쑥 질문을 던진 '미우라 아야코!' 일본의 여성 작가다. 빽빽한 삼나무 숲 천연림. 새파란 잎새들이 하늘을 가린 북해도의 설산과 국립공원이 있는 그림 같은 고장 아사히가와가 작품의 무대로 그녀가 태어나고 자란 고향이다.

작가 미우라 아야코(1922~1999)는 폐결핵과 척추염, 파킨슨이라는 병마에 시달린 환자였다. 그런 그녀가 고향 마을 어귀에다 구멍가게를 열었다. 잡화상을 운영하면서 운이 좋았는지 돈을 좀 벌었는데 반대로 경쟁상대가 된 근처 가게는 울상이었다.

그 사실을 뒤늦게 알아차린 아야코는 과감히 자신의 이익을 줄여가면서까지 상대편의 가게를 배려해 준다. 그의 행복을 뺏는 건 안 된다는 양심의 소리대로 손실을 자청한 것이다. 주저치 않고 실행에 옮긴 인류애적 선행의 표본이었다.

그 결과 시간적인 여유가 생겼고, 가게에 딸린 다다미에서 그녀는 틈틈이 집필에 몰두할 수가 있었다. 그렇게 써 내려간 작품이 1964년 아사히신문 천만 엔 현상 모집에 당선된 〈빙점〉이다.

자신에게 닥친 어떤 처지에서도 '나의 행복이 결코 남에게 불행의 씨가 되지 않도록 배려해야 한다'는 박애정신이 그녀 삶을 관통한 이정표였다. 그녀에게 있어 '빙점'은 선과 악을 가르는 의식의 경계선이었다.

출간되자마자 책은 날개를 달고 세계적인 베스트셀러로 등극했다. 그녀를 기리는 문학관이 당시로썬 매우 드문 사례였던 작가 사후가 아닌 생존 시 세워졌으니 아야꼬는 아주 행복한 작가다.

감성의 빛깔이 푸른 십 대에 골똘히 심취했던 "빙점"은 오직 자신의 이익과 행복만을 인생의 가치로 추종하는 현생 인류들에게, 그리고 나 자신에게 던진 화두가 아닐 수 없다. 언제나 선한 존재로 머물고 싶었던 이타적 삶에 대한 동경을 일깨운 책이 아닌가 한다.

원작 〈덕혜옹주〉도 일본 여성사 연구자 혼마 야스코의 저서다. 덕혜옹주(1912~1989)는 고종황제의 고명따님이다. 널리 알려진 바대로 오백 년 조선왕조의 사직이 명운을 다한 시기, 망국의 태황제 딸로 태어난 덕혜옹주의 생애는 불행 그 자체의 상징물이었다.

13세에 일본으로 끌려간 덕혜옹주는 문자 그대로 압제자의 제물이었다. 마침내 정신병자가 되어 폐인으로 전락했고, 혹독한 식민치하를 거치는 동안 이 가련한 왕녀는 철저히 세간의 관심에서 멀어져 간다.

해방된 나라에서도 역사의 지평 저 너머로 사라져간

왕조의 마지막 황녀를 기억하는 백성은 그 어디에도 없었다. 이런 비극적인 덕혜옹주의 삶을 조명하고 일본에서의 궤적을 추적하여 세상 밖으로 소환해 낸 인물이 혼마 야스코다.

혼마 선생은 덕혜옹주의 생애를 더듬어 간 그 과정 자체가 자신에게는 한일 근대사를 공부하는 과정이었다고 술회한 바 있다.

철저한 고증을 바탕으로 저술된 『덕혜옹주』가 2008년 국내에서 번역 출간된 뒤, 마지막 황녀에 대한 세간의 관심은 폭발했다. 이후 발표된 덕혜옹주와 관련된 대부분의 연구자료나 기록들은 거의 백서와도 다름없는 이 책을 텍스트로 하여 형상한 작품들이다.

나 또한 혼마 야스코의 『덕혜옹주』를 몇 번이고 씹듯이 읽어가면서 어느 출판물에서도 느껴보지 못한 생생한 리얼리티에 몸을 떨었다. 황국의 딸로 태어났지만 가장 불행한 여자의 대명사가 되어버린 덕혜옹주!

혼마 야스코 선생의 『덕혜옹주』는 나로 하여금 마침내 구한말을 소재로 한 역사소설을 집필하도록 이끌어 준 원동력이었다. 혼마 야스코의 원작 『덕혜희』는 나의 필력에 지대한 영향을 끼친 지침서라 아니할 수 없다.

삶의 나침판이며 길동무인 책

　책을 한 보따리 사 들고 귀가했다. 모처럼 서점에 들러 신간을 살펴보고 대형서점이 주는 분위기에 편승해 보고도 싶었다. 은둔자처럼 어느 한 곳에 소리 없이 파묻히기를 좋아하는 나로서는 올여름의 이 지독한 폭염을 뚫고 끈적거리는 아스팔트로 나선다는 게 여간해 먹은 큰맘이 아니다.

　강남고속터미널에서 반디앤루니스로 가려고 에스컬레이터에 막 올라탔는데 왼쪽으로 "한 권에 천 원"이라써 붙인 표지가 눈에 쏙 들어왔다. 천 원짜리 책? 흥미로웠다. 계단 꼭대기에서 다시 내려와 코너의 그 서점으로 들어갔다.

카운터에는 60대 신중년쯤 되어 보이는 남자가 구식 선풍기를 틀어놓고 졸고 있었다. 그러거나 말거나, 이 싼 책값이 웬 떡이란 말이냐. 탐욕스럽도록 책을 골랐다. 들고 다니며 읽기 딱 좋은 순 컬러본 소책자가 겨우 이천 원. 세 권에 만 원인 삼사 년 전의 출간본도 나와 있었다.

또 50% 디스카운트로 칠천오백 원짜리가 된 〈명화와 함께 읽는 구약성경 이야기〉는 얼마나 수지맞았나. 여덟 권이나 되는 이 잘난 책값이 고작해야 이만오천오백 원이라니! 졸다가 눈을 뜬 책방 주인은 계면쩍은지 알아서 오백 원을 더 깎아주었다.

횡재를 맞았다, 분명히. 하지만 가슴 한쪽이 왜 그리 서늘하던지. 불과 삼사 년 전에 출간된 책들마저 종잇값도 못 되는 헐값으로 처분되고 있는 현장이 씁쓸했다. 어느 책인들 글을 쓴 저자의 입장에선 얼마나 귀하고도 쓰라린 분신인데.

그 간이서점에서 골라온 책들 속에는 제임스 앨런의 〈조화로운 영혼〉과 찰스 램 수필선, 윌리엄 조던의 〈평온〉이라는 명서도 끼어 있다.

냉방이 아주 시원한 시내버스에 흔들거리며 돌아오던

내내 이 책의 저자들에게 고마운 한편으로 미안했다. 동병상련의 심정이었을 것이다. 뇌수가 마를 지경으로 혼신의 열정을 쏟아서 집필한 나의 저서들도 저만도 못한 대접이나 받다가 폐기 처분의 운명에 처해지고 말겠지. 인쇄된 책의 숙명이라는 누명을 뒤집어쓴 채로.

  날마다 활자에 파묻혀 삶을 소비한 인생에서 책은 나의 방편이었고 길이었다. 오늘도 하릴없이 글줄이나 끌쩍거리고 앉아 있으니 무엇보다 책은 나와는 떼려야 뗄 수도 없는 필생의 반려이며 동반자인 것이다.
  삶의 나침판이며 길동무가 되어준 책. 다음번에 갔을 때도 강남고속터미널의 저 간이서점이 자리를 계속해 지키고 있어 주려나? 책을 한 아름 가슴에 보물처럼 품고 돌아오는 내내 복중의 땡볕인데도 심정은 춥고 시렸다.

서로 사랑하고 서로 용서하자

 풀벌레 울음소리 요란하고 바람결 소슬해지면 마음도 깊어져 가는 계절 빛 따라 투명해진다. 추억의 신작로, 이끼 낀 우물이 있던 큰샘거리 골목길들, 세라복과 베레모의 추억이 유령처럼 떠도는 모교의 교정. 그립고 아린 파편들이 갈바람에 흩어진다.
 수녀들이 선생님이었던 교실, 어디를 가나 걸려 있는 나무 십자가, 학교에서 가장 넓고 쾌적한 자리를 차지한 도서관, 양로원 할머니들이 새벽마다 때 묻은 방석을 옆구리에 끼고 기우뚱거리며 미사참례 하러 지나가던 기숙사의 앞마당.
 눈을 감으면 손에 잡힐 것 같은 쌩뽈Saint Paul의 캠퍼스는 내 영혼에 상지를 일깨워 준 도량이었다. 누구에게나 학창 시절은 연기처럼 아련히 피어오르는 꿈결과 같은 것. 쌩뽈의 동문에게 있어 그 빛깔은 더 선명하고 영롱할 것이다. 수녀님들이 추억 속 배경으로 등장하기 때문이다.

벼르고 별러 큰맘을 먹고 모교를 찾은 일이 있었다. 언제나 가슴속에 자리만 차지하고 있었지 차일피일 미뤄 온 일인데 아직 현직일 때에 장학금을 다만 얼마라도 기부하고 싶었다.

시가지가 그때와는 좀 변해 있어 눈에 선한 그 길을 조금 헤매다 학교에 당도했다. 가슴 깊이 꽁꽁 묻어두고 살아가는 정인을 해후한 날인 듯 애잔한 눈길로 교정을 훑어보았다.

옛 교사도, 도서관 앞 몸집 큰 느티나무도 고맙게 아직은 옛날의 제 자리를 지켜주고 있다. 그 그늘 밑 낡은 나무 의자에 앉아서 나는 푸른 하늘, 흰 구름을 바라보며 수없는 명상에 잠기곤 했었다. 교실을 향해 종종걸음으로 뛰다시피 오르내린 넓은 시멘트 계단도 오랜 세월의 풍상을 견뎌내느라 무던히도 닳아있었다.

나와 같은 쌩뽈의 딸들이 수십 년간을 한결같이 밟고

디뎌서 모서리가 반들반들 닳고 닳은 그 계단을 다시 밟으며 3층 '우리 교실'로 올라갔다. 고3 때의 우리 반 교실로 가는 복도를 걸었다. 그곳에는 까마득히 어린 후배들이 창문에 매달린 채로 유리창을 닦느라고 여념이 없었다.

앗, 저 풍경이라니!
옛날에 우리처럼 쟤네들도 창문에 대롱대롱 매달려 유리창을 닦고 있구나, 무언가 거대한 유산이 전승되고 있는 현장을 목격한 사람 모양 가슴이 뭉클하고 눈시울이 뜨거워졌다.
세일러복에 베레모를 착용했던 얌전한 교복은 진즉에 사라졌고, 내게는 잊을 수가 없는 추억의 보고인 기숙사 구관 단층집도, 성모 동굴도 흔적도 없이 헐려 나가 보이지 않는다. 하지만 변함없게 전수되고 있는 '대롱대롱 매달려 유리창 닦기', 이런 학풍이야말로 쌘뽈 인이라면 오래도록 잊을 수가 없는 교정의 추억인 것이다.
살다 보면 남을 확 짓밟아 버리고도, 속 시원히 미워하고도 싶은 유혹에 시달리는 날이 있다. 그럴 때마다 발목이 잡혀 슬그머니 제 자리로 돌아올 수밖에 없었던 이

유, 그건 〈서로 사랑하고 서로 용서하자〉는 얄미운 쌘뽈의 교훈이었다.

 하루, 한시인들 쳐다보지 않을 수가 없도록 교실마다 칠판 위 맨 중앙에 걸린 이 교훈은 우리에겐 주술처럼 뇌리에 박혀서 빼도 박도 못하고 지워지지도 않는 인생의 못 자국이다. 지구촌 어디에 흩어져 살아가던 〈서로 사랑하고 서로 용서하자〉는 이 한마디 교훈은 쌘뽈의 딸들이라면 뼈마디마다에 새겨진 인호일 것이다.

 나무들이 홀홀 잎새를 떨구는 교정에서 학창 시절을 회고하며 모교의 역사와 전통의 향기가 오래도록 퍼져 나가기를 염원한다. 우리 쌘뽈의 아우라가 더 밝고 맑은 정기로 빛나길 바라는 마음이다.

크리스마스카드

옛날얘기 하나 또 끄집어낸다. 낡아빠진 서랍을 열고.

어릴 적 나는 편지쓰기를 좋아했다. 문장을 막힘없이 구사하고 어휘력이 제법 뛰어난 편이었다. 내성적이라 말이 없는 아이였는데 편지지 앞에서는 독백처럼 술술 글을 조리 있게 잘도 엮어나갔던 것 같다.

해마다 크리스마스가 다가오는 연말연시 시즌이면 학교에서 단체로 국군장병 아저씨께 위문편지를 썼다. 중고생들에게는 연례행사로 수업 대신 한 시간을 통째로 할애해 열심히 위문편지를 써 보냈다.

붉은색 줄이 가로로 쳐진 거칠거칠한 편지지에 깨알처럼 써 내려간 위문편지. 거기에 답장이라도 어쩌다 받게 되는 날이면 스타가 된다. 은근히 뿌듯했고 반 아이들로부터 약간의 시선을 끌기도 했다.

 겨울방학이 다가오던 12월 어느 날. 그해 우리 학급은 국군장병이 아닌 파월장병에게 위문편지를 보냈다. 일명 베트콩과의 사상전이 치열했던 월남전에 참전한 국군용사들께로 보낸 편지다. 그런데 아주 뜻밖에도 우리 학교에서는 특별한 분으로부터 내게로 답신이 날아왔다.
 아름다운 장미꽃이 그려진 크리스마스카드였다. 거의는 민속화가 촌스럽게 인쇄된 국산용 카드가 전부인 줄로만 알았는데 미제 특유의 매끈하고 고급 티가 나는 크리스마스카드를 받고는 가슴이 막 두근거렸다.
 더욱 놀라운 사실은 발신인 이름이 주월한국군 사령관 채명신 장군이었다는 점이다. 이 얼마나 대단한 영광인가. 카드 속 하얀 속지에는 태극기가 꽂힌 집무실 책상 앞에 군복차림으로 단정히 앉아있는 장군의 사진이 인쇄되어 있었고 그 아래 위문편지에 감사하다는 내용과 친필사인이 적혀 있었다.
 최초로 외국에 파병된 베트남 전선의 그 유명한 파월군 총사령관 채명신 장군님이 내가 보낸 위문편지에 대한 답신을 친히 보내온 것이다.

수없이 많은 양이 배달되었을 위문편지의 행낭 속에서 사령관님의 책상 위에까지 뽑혀 올라간 내가 쓴 위문편지. 여하간 그 특별한 답신을 받은 날부터 채명신 장군의 이름을 나는 잊지 않았다.

2013년 타계한 채명신 장군은 동작동 국립현충원에 묻히었다. 대통령까지도 요청했다는 장군묘역을 마다하고 무명용사인 파월장병이 잠들어 있는 사병묘역, 전선의 옛 부하들 곁으로 그는 돌아가고 싶어 했다.

월남전 전사자가 묻혀있는 맨 앞줄, 불멸의 지휘관으로 홀로 세워진 채명신 장군의 작은 묘비. 남의 나라 전선에서 산화한 부하들을 늘 안타까이 여겨 죽는 날까지도 가슴 아파했다는 참된 지휘관의 표상이었다.

그 후로도 나는 종종 편지를 썼다. 육군사관생도이던 오빠에게, 또 오빠의 선배로 별을 세 개나 달고 삼성장군에까지 오른 K 오빠에게도. 그리고 누구보다도 법정스님과는 오랜 세월 수많은 편지를 주고받았다.

스님은 화선지에 그분 특유의 필체로 일필휘지의 답신을 보내오곤 했다. 자주 만날 수가 없으니 편지로 우정을 더 돈독히 다져간 사이였다고나 할까. 펜을 잡고 생각하면서 손으로 정성을 다해 써 내려가는 편지에는 연정이 담긴다.

고교 시절엔 내내 태평양을 건너 미국의 한 가정과 펜팔을 하기도 했으니 돌이켜보면 편지쓰기는 나의 유일한 사교 행위가 아니었을까.

그것은 매우 훌륭한 습작이었다. 한 통의 편지를 완성하기까지는 마음과 문장을 다듬고 두 번 세 번 읽어 내려가며 문맥을 정밀히 고쳐야 했기 때문이다. 그때의 편지 쓰기가 내 문학의 시발점이 아니었나 한다.

이 세상의 한 저녁에

 며칠 전 친구 언니의 부음을 받았다. 아니, 부고를 받았다기보다 부음을 접한 것이 맞다. 여느 날 새벽처럼 조간신문을 훑고 있는데 낯익은 사진 한 장이 눈에 들어왔다. 가슴이 철렁했다. 놀라서 다시 보니 부음란에 올라온 친구 언니의 반명함판 사진 한 장.

 서울대학교 음대 교수로 정년퇴임까지 언니는 평생 모교에서 후학을 길렀다. 국악 전공자로서 정악 발전을 위해 기여한 공이 적지 않았던 가야금 명인 김정자 교수의 서거를 조간신문은 그렇게 담담히 전하고 있었다.

 얼마간 투병 중이었으나 그다지 중환 상태는 아니라 여겼는데 갑자기 접한 부고가 정신을 멍하게 했다. 늙어

꼬부라질 때까지 살아계실 거라 여기진 않았지만 그렇다고 이리 서둘러 떠나버리시다니.

 수명이 엿가락처럼 휘어진 세상에서 겨우 일흔둘의 세수니 어쩌면 본인 자신도 느닷없는 갈림길이었을지도 모르겠다. 불과 십여 일 전, 수화기를 통해 들려온 언니 음성은 낭랑하고 힘이 있었다.

 "언니! 목소리가 활기차시네요." 나의 인사에, "나는 입만 살아있어요."라고 재치 있게 넘기셨는데 정말 허무한 일이다. 그러고 보니 마지막 통화였던 그날, 언니의 목소리는 활달했지만 어딘지 좀 힘에 부치는 음색이었다.

 병환이 들고 나서부터 답답하면 한동안씩 휴양차 머물렀던 어느 공기 좋은 지방의 연고지로 그저께 막 내려왔노라고, 하신 언니. 잠시 쉬었다가 다시 서울집으로 돌아가겠다고 했는데 그곳에서 유명을 달리했다. 핏줄을 남기지 못한 언니의 유해는 풍광이 빼어난 그 동네 골짜기에 한 줌 재로 뿌려졌다고 한다.

 동생 친구로 여덟 살이나 아래 사람인 나에게 언니는 한 번도 해라를 쓰지 않으셨다. 부처님 가운데 토막처럼 착하고 무던한 자기 동생이 못마땅하기라도 할라치면 언니는 언제나, "네 친구는 저렇게 똑똑하고 야무진데 너는 왜 맨날 그 모양이냐?"고 나를 끌어다가 붙여대며 책망했다고 한다. 말씀 좀 편히 해달라는 간청에도 언니는 매번 "안 선생!"이라고 지칭하며 대우해 주셨다.

내 핸드백 속에는 너절해진 봉투 하나가 아직도 들어 있다. 문병차 찾아뵈온 날에, 슬그머니 놓고 나오리라 맘먹고 넣어둔 은행 봉투다. 두 달 전쯤인 작년 12월 중순께부터 해를 넘기기 전에는 다시 찾아뵈리라, 벼르며 과제물처럼 넣고 다녔다. 무얼 조금 사 들고 가느니 자시고 싶은 밥 한 끼라도 맛있게 편히 드셨으면, 했는데 그나마 전할 기회를 영영 놓치고 말았다.

연초의 분망함으로 심정이 번잡스러워서 날이나 좀 풀리거든 다녀와야지, 날마다 미룬 이 핑계, 저 핑계가 허무한 결과가 되었다. 임종 십여 일 전이었던 지난번의 통화도 실은 벼르다가 드린 전화였었다. 그때라도 망설이지 말고 나섰어야 했는데.

비단 부모만이 자식의 효도를 기다려 주는 건 아닌 모양이다. 언니를 모시고 밥 한 끼 다정히 먹고 싶었는데 게으른 내 호의를 거절하고 떠나셨다. 마음먹었을 때 그

즉시 발걸음 옮겼더라면 살아생전의 얼굴을 한 번은 더 뵐 수 있었는데 성심이 부족한 나 자신이 야속했다.

사람이 죽으면 무엇이 되는 걸까? 뒤늦게 인연 지었다가 사별하신 남편을 그리 잊지 못해 하더니. 언니는 죽어서 그 눈물, 그리움, 그 한을 다 씻어냈을까.

청계산장으로 오르는 산길을 손을 잡고 걸어갔으며, 그날은 밥을 두 끼나 같이 먹었었다. 잣나무 우거진 숲속에 누워서 솔잎 사이로 창창히 푸른 하늘을 올려다보았던 사람. 언니는 때로 웃었고 때론 눈물을 지었다.

인간문화재가 되어야겠다고 눈을 반짝이며 벼르시더니 언니의 형체는 이제 어디로 돌아간 것인가. 왜 사람들은 죽으면 돌아가셨다고 말하는가.

인간이란 존재의 유한성에 대해서 상념에 젖는다. 가야금 명인 김정자 교수의 모습이 떠오르는 서글픈 이 세상의 한 저녁에.

천년의 숨

경주를 찾았다. 십 년 세월의 재회가 아닌가 한다. 꼭 다시 한번 경주에 가리라, 마음먹으면서도 선뜻 나서지 못했다. 어떤 사람은 생각과 동시에 몸이 그 자리에 가서 있는데 나는 그와는 반대의 비활동성이다.

그러던 차에 협회 편집위원장이라는 직분을 십분 활용해 올봄 편집회의를 경주에서 열기로 작정했다. 동국대학교 의과대학 도서관 탐방이라는 그럴듯한 명분을 내세워 부산과 대구, 서울 등지의 의과대학교 도서관에서 근무하는 편집위원들을 경주로 소집한 것이다.

출장비를 받는 공식적인 외유이고 개인적으로는 소원풀이도 되는 셈이라 꿩 먹고 알 먹고, 어찌 발걸음이 홍

겹지 않으랴. 평일에 누리는 일탈의 즐거움이야말로 시간의 노예로 살아가는 직장인에게는 보너스 이상 신나는 일이다.

서울 팀인 세브란스, 아산병원 선생들과 나, 세 사람은 한껏 들떠서 KTX를 타고 대구로 내려갔다. 계명대학교에서 대기 중인 편집위원의 차로 경주에 들어가는 스케줄이었다. 그 밖의 위원들은 경주캠퍼스로 직행하기로 했다.

좁은 땅덩어리인데 기후 차는 제법 컸다. 서울서는 개나리가 꽃망울을 맺은 서늘한 새벽이었는데 남쪽으로 내려갈수록 봄꽃들이 흐드러지고 목련은 이미 지고 있었다.

어차피 정기적인 회의 스케줄이라는 게 맥락상 일정 부분은 요식행위가 따르기 마련이다. 염불보다는 잿밥에 정신이 더 팔리는 법이거니와 직장이나 협회 사무실도 아닌 먼 바람을 타고 있는 모임일 바에야.

드디어 우리 일행은 동국대학교 경주캠퍼스에 당도했다. 의과대학교 도서관 멀티미디어실에서 생색을 낼 만큼의 시간을 할애해 협회지 발간에 관한 편집회의를 주

관했다. 예의상 옵서버 자격으로 회원기관인 동국대학교 도서관 책임 사서도 참석시켰다.

기념사진까지 확실하게 박고 서둘러 1박 2일의 일정에 돌입했다. 멀리서 찾아온 손님을 배려하느라 주말로 이어지는 귀한 시간임에도 수행해 준 담당 선생께 감사한 마음이었다. 마침 일행 중에는 여행 마니아가 있어 일정을 완벽히 책임져 주었다.

여타의 대도시처럼 우뚝우뚝 솟아서 시야를 막고 있는 회색의 고층아파트 숲. 천년 고도 경주에서만큼 그 모양이 그렇게 야속해 보인 적이 없었다. 밟고 선 땅덩이가 그대로 천년 보고인데. 도시 자체가 박물관인 그 한 곳만이라도 천 년 전 통일신라 모습과 유사하게 세팅해 놓을 수는 없었을까? 신라의 달밤에 젖도록 말이다,

낡은 한옥 담 틈새에다 부서진 기왓장을 슬쩍 끼워 넣기만 해도 사람들은 지나가던 걸음을 멈추고 먼 하늘을 한 번씩 올려다볼 것이다. 상상력의 부피는 각자의 몫이므로. 낡고 닳은 중세의 문물을 보려고 우리는 멀고 먼 유럽까지 날아간다.

크고 작은, 셀 수도 없이 총총한 전설과 불탑의 노래가 널린 경주. 천년의 경주를 조금만 더 성의껏 재현해 놓

는다면 세계인들은 이 고도를 향해 옛 서라벌 하늘 밑으로 몰려올 것이다. 그리곤 그 정취에 능히 취하고도 남음이 있을 것이다.

발밑에 채여 구르는 잔돌처럼 무수히 널린 불상들. 산 같은 왕들의 무덤이 즐비한 신비스런 고대도시, 아무려나 고도 경주는 운치가 있다. 짧은 일정인지라 발길이 뜸한 유적지를 찾아서 우리는 남산의 품 깊숙이 들어갔다.

골굴사 석불을 비롯해 남산 자락의 후미진 곳곳마다 산재한 석상과 고탑을 순례자처럼 헤집고 다녔다. 서기 643년 선덕여왕 12년에 창건된 절간으로, 원효대사가 중창하여 기거했다는 고찰 기림사도 들렸다.

무엇보다 경주 김씨의 시조 '알지 왕'의 탄생지 계림을 지나가다 언제나 눈에 어리곤 했던 첨성대 앞에 다시 섰다. 단조로운 형상으로 신비감을 더하는 단아하고도 온순한 자태의 첨성대. 왕성의 천문관측소로 천사백 살이나 잡수신 그 첨성대가 이제는 고단해서 눕고 싶은지 한 쪽으로 비스듬히 기울고 있었다.

발걸음을 돌려 서출지 근방 금오산 동쪽 기슭으로 올라갔다. 어깨가 넓은 금오산 자락에 별궁처럼 들어앉은 관음사는 비구니들의 가람이다. 사람 그림자 하나 없는 고적감 속에서 천년의 잠에 빠져 있는 관음사는 서늘한 고요를 느끼게 했다.

동해의 쪽빛 바다가 출렁대는 장기곶을 지나 감포로 가는 길목은 언제나 적요하다. 가을걷이가 끝난 어느 해 저물녘, 나는 홀로 핸들을 잡고 이 농로를 스쳐 간 적이 있다. 그때는 초행길이었다.

석양빛에 반사된 들판은 허허한 신비감을 발산하고 있었다. 순간, 강렬히 엄습한 불가사의한 미혹에 이끌려서 무심코 지나쳐 가던 들길을 다시 후진하여 돌아와 멈추니 거기가 바로 감은사지 절터가 아니었던가.

고적한 빈터. 불국사보다도 당시에는 규모가 더 큰 가람이었다는 감은사지는 동탑과 서탑, 2기의 고탑이 신라의 전설을 토설하고 있었다. 그 모양이 가히 천년의 숨소리처럼 들렸다.

역사의 바람 속에 묻어온 절간의 수런거림. 그날에 올려진 비원과 염력과 치성들. 뉘엿뉘엿 해 저무는 석양의 감성과 맞닿아 있던 감은사지 절터의 감동을 필설로 헤아리기 어렵다.

이 절간의 문지방이 닳도록 드나들면서 현실의 우리

네처럼 빌고 또 빌고 치성을 드리며 살아갔을 신라 사람들. 아득히 스미는 기시감 속에 그네들의 한숨 소리가 들려오는 듯도 하다.

 삶은 만남에서부터 시작된다. 시간과 나의 만남! 천수백 년 전에는 현실이었을 잔재들과 마주친 내 감성은 굽이치는 동해의 파도만큼이나 장중한 수맥 속으로 빨려들고 있었다. 역사의 시간으론 천년도 어제 같은 것이다.
 역사는 현재의 거울에 비춰 보는 영원의 창이다. 아직도 몽롱한 내 정신은 어느새 땅거미가 지는 서라벌 하늘을 날고 있었다. 색색의 비단실을 꼬아서 고이 싸매 둔 회억이 옥구슬처럼 구르는 만추의 저녁이면 날아가고 싶다. 한 마리 들새가 되어, 내 마음속의 절간 감은사지로.

소원이 없는 여자

 짙푸른 동해가 통째로 들어와 안긴 오션뷰 리조트. 속초를 지나서 최북단 해안선을 거슬러 고성에 닿았다. 주중 오전, 느슨히 서울을 출발해 진부령을 넘어왔다. 목적지 삼포 해변은 석양빛이 어리고 있었다.
 한여름의 폭염을 달군 광란의 피날레가 잦아들면 갑자기 바다는 고적해진다. 소란이 사그라든 구월의 바다! 이즈음의 바다를 나는 좋아한다.
 떼를 지어 몰려와서 배설하듯 쏟아놓고 사라진 녹슨 유목민의 고함 소리와 허기를 흔적도 없이 쓸어내 버린 모래바람. 그 허허한 백사장에 태고의 유적처럼 작은 내 발자국을 찍어놓는다. 알 수 없는 아득히 먼 포구. 그 어느 기슭에서 밀려왔을 파도의 거친 숨소리를 추억처럼 깔아 논 해변의 밀어들.

 구월의 바다는 온갖 허위가 배제된 원시의 늪처럼 정온하다. 마침내 바다는 정화의 거품을 토해낸다.
 전면이 바다로 출렁이는 객실에서 여장을 풀었다. 붉게 퍼진 노을이 사그라지기 전에 그리운 바다 내음 맡아 보려고 깡충깡충 밖으로 뛰어나갔다. 족히 한나절은 운전하여 물먹은 솜처럼 쳐진 몸이 엎어지면 금방 잠에 빠져들어 갈 것만 같다. 그래도 신고식 하는 초병의 긴장된 마음으로 해변으로 나갔다. 동행자가 없는 석양의 모래벌판을 걷는다.
 언제나처럼 제 그림자 하나만을 달랑 끌고 와서는 온 우주의 시름을 어깨에 짊어진 사람 같은 모양을 하고 뚫어지게 바라보는 바다, 저 바다. 우주의 이 저녁들이 나에게 선사한 정화를 갈구하여 오늘도 여기에 달려오지 않았던가. 저녁 바다는 말없이 통회의 염을 내게 일으켜 주었다.

 새벽잠의 유혹을 털고 해변으로 나갔다. 목을 길게 내

빼면 침상 위에서도 일출을 능히 볼 수 있다. 하지만 우주의 맥박 같은 흰 파도가 밀려드는 백사장에서 눈부신 햇님 얼굴을 맞이하고 싶었다. 저만치에 일족인 듯한 한 무리의 사람들이 언제부터 나왔는지 동터오는 수평선을 향해 서성인다.

운 좋게도 복을 받아서 저이들은 오늘 새벽의 일출을 완벽히 친견할 수가 있을 것이다. 하늘이 감색으로 열리고 있으므로. 지금 저들은 전사처럼 비장하게 주먹을 불끈 쥔 채로 점점 회색빛이 사그라져 가는 수평선에 두 눈을 고정하고 있으리라. 나도 그들과 좀 떨어진 얼마간의 거리에서 오렌지빛이 퍼지는 무량한 천지에 눈동자를 박고 있었다,

모랫바닥에 털썩 주저앉은 채로 해맞이를 하는 사람은 드물 것이다. 그건 예의라고는 눈곱만치도 없는 인간이나 할 짓이지. 일출은 숨을 죽이고 응시해야 만이 화살처럼 심장에 날아와 꽂히는 찰나의 신성함이므로. 일출은 이 세상 사람들이 볼 수 있는 신의 빛나는 얼굴이다.

하늘과 바다를 붉게 물들인 햇덩이가 봉긋 솟아올랐다. 막 해산을 한 어린 산모의 둔부처럼 핏물을 묻힌 붉은 햇덩이가 바다라는 양수를 뚫고 빠져나왔다. 거룩한

우주가 연출해 낸 모태의 기적이었다.

"오오 일월성신이여!"

어떤 이가 중얼중얼 해님을 향해 합장한다. 그런데 참 이상도 하지. 두 손을 모아서 빌고 싶은 소원이 나는 하나도 생각나질 않으니. 그냥 바라만 볼 뿐, 이 새벽에 경이롭게 태어나준 신의 눈부신 저 광채를 그저 바라만 볼 뿐.

> 에필로그

첫 수필집 이후

스무 개의 나이테가 새겨진 등걸에

또 하나의 흔적을 걸어놓는다.

2024년 5월   안원자

작품 해설

안윤자의 수필 세계

지성의 탐미와 몽상, 그리고 고독한 영혼
유한근(문학평론가·전 디지털서울문화예술대 교수)

작가 안윤자[1]는 이 수필집 '작가의 말'에서 자신의 수필에 대한 정체성을 토로한다. "라이너 마리아 릴케를 꿈꾸었고 헤르만 헤세처럼 고뇌했던 젊은 날들. 그 꿈은 아직도 퇴색지 않아 오늘도 나는 릴케의 문학을 탐닉

---

1) 시인이며 수필가. 가천대학교 일반대학원 국어국문학과 졸업. 현대문학을 전공했으며 정사서로 가톨릭의대부속성바오로병원, 서울의료원 의학도서실장으로 재직하여 정년퇴임을 했다. 평생을 도서관 안에서 오직 책과 더불어 책의 관리자로, 또 생산자가 되어 살아갔다. 1991년 한국문인협회『월간문학』신인상으로 등단하였고 2021년『MUNPA』신인상을 통해 시인이 되었다. 오랜 직장생활로 작품활동에 미온했으나 현재는 시작(詩作)과 집필에 전념하고 있다. 대표에세이문학회 회장, 월간사보 편집장, 한의도협 이사 및 편집위원장, 서울의료원 사사편찬위원장을 역임했고 한국문인협회 복지위원으로 활동한다.『벨라뎃다의 노래』『연인 4중주』, 12인 공저『우리 기도할까요?』등의 저서와, 시집『무명시인에게』, 그 외『서울의료원 30년사』『경동제약 30년사』를 집필하였고 석사 논문집으로『운동주 시 연구』가 있다. 2020 가톨릭 평화방송, 평화신문 공모에 대상을 수상했다. 지난 왕조에 대한 깊은 사색과 인식으로 6년여에 걸친 집필 기간을 통해서 2021년 첫 장편이자 역사소설『구름재의 집』을 상재하였다.

하고 헤세의 집에 머문다"라고 언급하고 있다. 어찌 보면 안윤자는 자신의 수필세계의 비밀을 밝히고 있는 셈이다. 그래서 그는 "지성의 탐미주의자 릴케. '나무'라는 푸른 상징을 영혼의 숲으로 가꾸며 방랑자의 꿈과 고뇌를 그려간 헤세. 나 또한 집필하면서 한 줄 문장을 다듬을 때마다, 모국어를 빛내는 작가가 되리라 다짐했던 등단의 각오를 되새기곤 한다. 글은 나에게 성소聖김다. 그 태초의 영감으로 글을 쓴다."고 밝히고 있다.

라이너 마리아 릴케는 20세기 두 차례의 전쟁을 겪은 후 사상적 전환기의 격동 속에서 실존의 고뇌를 겪은 지성인이다. 그를 세계문학 현대문학사에서 고전으로 숭상하는 이유는 치열한 삶을 문학적 형상으로 승화시켰다는 점이다. 그의 대표작이라 할 수 있는 「젊은 시인에게 보내는 편지Briefe an einen jungen Dichter」에서 그는 이렇게 언급한다.

"우리는 고독하다. / 우리는 착각하고 / 마치 그렇게 고독하지 않은 듯이 행동한다. / 그것이 전부이다(1904년 8월 12일)."라고 인간의 본체를 고독한 존재로 보았다. "인간은 착하지 못하고, 굳세지 못하고, 지혜롭지 못하고 여기저기에서 비참한 모습을 보인다. 비참과 부조리가 아무리 크더라도, 그리고 그것이 사람의 운명일지라도 우리는 고독을 이기면서 새로운 길을 찾아 앞으로 나아갈 결의를 갖지 않으면 안 된다."라고 고독 극복이 새 지평이 될 수 있음을 역설한다.

이러한 릴케의 방황과 꿈을 안윤자 작가는 탐닉했으며, 헤세의 집에 머물렀다고 토로한다. 여기에서 헤세의 집이란 헤세의 질풍노도적인 청소년기의 방황과 열정적인 작품인 『수레바퀴 아래서』에서부터 노벨문학상 수상작인 『유리알 유희』에서 보여준 문학세계를 의미하는 것으로 보인다. 이를 전제로 할 때 그의 수필세계의 키워드는 지성의 탐미, 방랑자의 고뇌와 꿈, 고독한 영혼, 그리고 사랑이다. 이 키워드가 맞는지 그의 수필의 숲으로 들어가자.

1. 몽상적인 혼과 영성

필자가 안윤자 작가를 만난 때는 30여 년 전이다. 그때 그녀는 젊었고 필자도 젊었다. 그때 일별한 그의 등단 작품과 초창기에 발표되었던 작품들도 젊었지만 사유도 깊었음을 아직도 기억한다. 젊었던 만큼 당시도 그의 수필의 키워드일 수 있는 절제된 지성의 탐미, 방황하는 고뇌와 꿈, 고독한 영혼, 그리고 사랑을 엿볼 수 있었다. 하지만 지금은 그것들이 어떤 색깔로 그 사유가 깊어졌는지를 탐색하려 한다.

작가의 작품세계를 탐색하는 데 대해서는 그가 살고 있는 시간과 공간을 먼저 살펴보아야 한다. 수필세계의 '세世'의 한자 훈은 세상, 때, 즉 시간을 의미한다. 그리고 계界는 경계로 공간을 의미한다.

수필 「은하의 빛」의 서두는 이렇게 시작된다.

"광화문에서 얼마쯤 떨어진 거리. 왕조시대에는 성저십리로 도성 바깥의 서울인 한성부 땅이었다. / 이곳으로 이사를 한 지도 두 해가 흘렀다. 초로에 홀로 내쳐진 이방의 무명씨처럼 아무리 둘러봐도 아는 얼굴 하나 없는 사방천지가 서먹하고 낯설었다. 하염없이 먼산바라기를 하던 와중에도 은근히 질긴 자생력 덕분인지 새벽이슬에 옷 젖는 줄 모르게 시나브로 정은 들어갔다."고 한양성 밖 십 리 안에 살고 있음을 작가는 밝힌다. 도심에서 사는 초로의 삶. 그 외로움이 묻어나는 서두 부분이다.

특히 '낯설었다'는 언어가 아프게 주목된다. 열 개가 넘는 출입문이 있는 고요하고 푸른 숲의 단지에 사는 작가. 편의점 총각, 팩스를 부탁할 수 있는 부동산 주인. 그리고 우체국 직원과 얼굴을 텄지만, "말문이라도 트고 싶어 누구와의 커피 한 잔이 간절했던 순간에도 집히는 얼굴 하나가 떠오르지 않는" 삶을 산다. 그 속에서 작가는 "외로울 수 있는 자유를 최대치로 구가했던 침울한 적응이 아니었나 싶다"고. "꽁꽁 닫힌 창틀 속의 고립감을 날마다 곱씹으며 언어와 풍속이 다른 남의 나라, 낯선 하늘 아래 덩그러니 혼자서 떨어진 노녀老女의 처지와 내 신세가 무엇이 다르랴? 를 곱씹"어도 "침전된 서글픔의 나날이 흘렀"고, "외로움은 바쁘다고 하여 덜어지는 덤이 결코 아니었"고, "여차하면 나도 우울증 환자가 될 수 있겠거니, 그런 서글픈 감상에 빠져들기도"한다고 고백한다. 자유로운 삶 속에서 외롭고 고독한 삶을 살고 있음을 토로하는 셈이다.

그리고 "그 누구의 간섭도, 방해도 배제된 오직 나만의 공간. 숲이 보이는 창과 단아한 서재를 원했던 꿈. 다시금 품었던 그 간절한 소원을 갖은 곡절 감수하면서까지 쟁취해 낸 고독한 처소에서 난 왜 맨날 서글픔만을 반추해야 했을까. 몽상적인 혼을 소유한 사람에게 꿈과 현실은 그렇듯 언제나 괴리가 있었다."고 사유한다. 몽상과 현실이 상반된 영혼, 그 괴리를 인식하고 그것이 하나 되기를 시도한다. 이는 안윤자 문학세계의 귀납적인 결론이어야 하는데, 서둘러 언급한 것은 그의 수필세계가 넓기 때문임을 전제하는 점을 이해하기 바란다.

어찌되었든 작가는 "오십 년을 살아와 태어난 고향 땅보다도 더 애틋이 여겨지는 시공간이 서울이다. 그런데 그 서울 한복판에서 이방인 같은 설움을 앓으며 시달렸다. 소박하기 짝없는 거리이고 동네이며 하늘 밑인데"라고 토로한다. 그리고 "그즈음 생텍쥐페리의 '어린왕자'가 오버랩되었던 것 같다. 어린왕자도 이름 모를 사막에 홀로 뚝 떨어졌을 때 이렇게 낯설었겠구나. 아니 '어린왕자'의 초상이었던 생떽쥐베리가 돌연 불시착했다는 사하라의 허허한 모래벌판에서 그는 얼마나 처연하고 막막했을까? 하는 동병상련의 정마저도 일었다"고 사막의 어린왕자의 외로움을 소환하고 별을 찾는다. 단독자로서의 인식을 갖게 되는 것이다.

"눈을 동그랗게 치켜뜨고 불빛이 사그라든 밤하늘을 뚫어지게 쳐다보면 여기저기에 희미하게 박힌 별들을 찾아낼 수가 있었다. 그 숫자가 하나둘씩 불어날 때마다 몹시 반가웠다. 수만 광년의 허공을 사이에다 두고 목이 메는 그리운 사람 얼굴을 마주한 것처럼 그렇게도 반가웠다"고 토로한다(여기에서 생텍쥐페리의 '어린왕자'는 뒤에서 살필 수필 「마지막 인사」의 법정스님과도 관련이 있는 존재이다). 그리고 결말 부분에서 이렇게 마무리한다. 비로소 이 수필의 제목을 '은하의 빛'으로 한 이유를 알게 되는 대목이다.

> 아아, 밤하늘에는 아직도 별이 떠있네.
> 사라져버린 줄로만 알았던 별이 서울의 밤하늘에도 아스라이 떠 있었다. 지상의 불빛이 하도 유난하여 별들의 도르래 소리가 들려오지 않았을 뿐, 무량한 천공에는 수없는 유성들이 반짝이고 있다는 것, 그 사실을 알아챈 것만으로도 적잖은 위로가 되었다.
> 별을 세는 것은 잊히어 간 동심의 추억을 캐내는 일이다. 밤하늘을 반짝반짝 수놓았던 아련한 별밤의 향수와 유년의 추억에 대한 변함없는 우정이며 그리움이었다. 어렸던 날 올려다본 칠흑 같은 밤하늘에는 주먹만 한 별들이 쏟아져 내렸다.

이곳으로 거처를 옮기고 하염없던 날에 이상스럽게도 주먹만 한 별들이 밤하늘에서 가득히 빛나고 있는 꿈을 서너 차례나 연거푸 꾸었다. 그것도 날마다 똑같은 꿈을 계속 꾸었다. 아직도 꿈속의 그 총총한 별밤이 눈에 선연하다.

비록 꿈이었지만 어린 날의 신화를, 초롱초롱한 별들이 노래하는 아름다운 별밤을 다시 한번 두 눈으로 확인할 수 있었다는 것, 그게 얼마나 울음이 났는지 모른다. 꿈에서 깨면 눈가가 젖어 있었다. 그것은 외로운 영혼의 눈물방울이 떠돌다 밤하늘에 날아가 박힌 은하의 빛이었다.

- 「은하의 빛」 결말 부분

'은하'는 수많은 별들이 모여 사는 공간으로 작가가 살고 있는 서울을 표상한다. 그 공간에서 작가는 반짝이는 별빛이 위로가 된다고 고백한다. "사라져버린 줄로만 알았던 별이 서울의 밤하늘에도 아스라이 떠 있었다. 지상의 불빛이 하도 유난하여 별들의 도르래 소리가 들려오지 않았을 뿐, 무량한 천공에는 수없는 유성들이 반짝이고 있다는 것, 그 사실을 알아챈 것만으로도 적잖은 위로가 되었다"라는 감각적인 표현이 그것이다. 그리고 유년에 했던 별 세기를 소환한다.

"별을 세는 것은 잊히어 간 동심의 추억을 캐내는 일이다. 밤하늘을 반짝반짝 수놓았던 아련한 별밤의 향수와 유년의 추억에 대한 변함없는 우정이며 그리움"이었다 라는 사유가 그것이고, "어렸던 날 올려다본 칠흑 같은 밤하늘에는 주먹만 한 별들이 쏟아져 내렸다"는 시적이고 미학적인 감응이 그것이다. 그 '주먹만 한 별'을 작가는 살아오면서 잊지 않았음도 고백한다. 그리고 이 수필의 마지막 단락에서 "비록 꿈이었지만 어린 날의 신화를, 초롱초롱한 별들이 노래하는 아름다운 별밤을 다시 한번 두 눈으로 확인할 수 있었다는 것, 그게 얼마나 울음이 났는지 모른다"고 별밤의 존재를 분명히 한다.

그리고 "꿈에서 깨면 눈가가 젖어 있었다. 그것은 외로운 영혼의 눈물방울이 떠돌다 밤하늘에 날아가 박힌 은하의 빛"이었다고 속으로 절규한다. 밤하늘의 별이 "외로운 영혼의 눈물방울"이라는 인식과, 그 외로운 영혼이 밤하늘에 날아가 박히는 '은하의 빛'이라는 인식도 다분히 시적인 표현이지만, 그 영혼의 깊이, 그 사유는 어쩌면 처절한 것인지도 모른다. 이와 같은 작가의 몽상은 처절하지만 아름다운 것인지도 모른다. 어찌하면 그것은 작가의 영성 미학이다.

이에 비해 수필 「시간 속의 존재」는 사색적이다. 이 수필은 '명동 S수녀원의 노비시아noviciat 수련소'를 모티프로 한 수필이다. 이 수필에서 작가는 '노비시아'의 삶, 그 일단을 소개한다.

"문자 그대로 노비시아 생활은 생때같은 세속의 인간을 수도자로 개조시키는 수련 과정이다. 눈을 뜨면 잠자리에 들기까지 일상이 바늘 끝처럼 긴장의 연속이었다. 육성을 낼 수 있는 점심과 저녁 식사 후의 잠시 주어진 휴식 시간을 제외하곤 묵언한 대침묵의 일상"이 그것이다. 이러한 수련 속에서 침묵을 작가는 "자기 응시로 잠심에 이를 수가 있고, 그런 내면화가 정화의 길"이라고 믿는다.

그리고 "수련자와 로마에서 신학을 공부하고 막 돌아온 선생 수녀님"과의 문답법 수업을 소개한다. "삶을 무엇이라고 생각합니까?" 라는 수녀 선생의 질문에 "시간입니다."라고 답하는 수련자. 이들 수련소의 풍경 속에서 작가는 "젊은 날의 고뇌"와 그곳에서의 삶의 일단一端을 떠올린다.

꼭 어제 일만 같은데 아득히도 멀리까지 날아온 시계 저쪽의 풍경. 그런데 아직도 아쉽다. 그 쉬운 답안지가 왜 내 입에서는 튀어나오지 못했을까? 지금도 살짝 끼어드는 미련은 세속의 욕망을 아직 씻어내지 못했다는 에고$_{ego}$의 방증일 터다.

수련원에서 영성신학을 강의한 선생 수녀님은 지극히 사모한 모교의 스승이었다. 영어 교사이며 사서로 도서관을 담당했던 N 수녀님!

한때나마 열심히 영어를 파고든 것도 딴에는 수녀님의 눈에 들고 싶었던 자구책이었다. 한다한 모범생만이 담임의 추천을 받을 수가 있었던 도서위원이 되어 학과 시간 이외의 방과 후에는 언제나 도서관에서 살다시피 한 것도 실은 수녀님께 품은 연심의 발로였다.

유달리 연약한 작은 체구에 두꺼운 안경을 쓰고, 자기 발에는 맞지도 않는 헐거운 구두를 헐떡헐떡 끌고 다닌 우리 영어 수녀님이 나에게는 첫사랑이었다. 수녀님의 뒤를 내 눈이 온종일 졸졸 따라다녔으니까.

그렇게 수녀님은 나의 인생 항로이며 모델이었다. 그날의 강의 시간 이후로 지우개로는 지워지지 않는 한 줄의 명구가 가슴에 새겨졌다.

"하루라는 날은 하나의 길이기도 하고 나의 인생이기도 하다."

-수필 「시간 속의 존재」 중에서

 작가가 떠올린 분은 위에서 보듯이 영성신학을 강의한 N 수녀님이다. 그 수녀는 영어 과목과 도서관을 담당한 수녀로 작가는 그분이 첫사랑의 대상이었으며 자신의 인생 항로이며 모델이라고도 밝힌다. 그리고 "하루라는 날은 하나의 길이기도 하고 나의 인생이기도 하다."는 명구를 통해 "인간은 시간 속을 걸어가는 존재"이며, "바로 지금 이 순간도 채색되고 있는 여로의 흔적이라는 것"과 "매 순간의 메타포metaphor가 생의 기록물로 녹화되고 있을 터"라는 사실을 알게 된다,

 그리고 화제를 바꾸어 이어령 선생의 타계를 통해서 얻게 된 시간에 대한 인식을 이렇게 기술한다. "고도로 진보된 지성知性인 이 문명인에게 있어 나이는 단지 숫자상의 지표였을 뿐. 그는 칙칙한 은둔의 장막에 멘탈mental을 가두지 않았기에 냉철한 실존주의자로 머물 수가 있었다. 마지막 영겁의 찰나도 소모되지 않은 소울맨Soul man으로의 저력을 유감없이 발휘하면서. / 죽음을

기억하라는 메멘토 모리memento mori! / 이것은 생전의 이어령 박사가 시계추처럼 실존에 대한 물음을 반복한 가운데 마침내 지성의 종착지인 영성의 바다에 이른 위대한 철인의 느낌표였음"을 환기하고. "죽음, 미지의 운명! 아모르파티amor fati는 환희인가, 절규인가"를 화두처럼 던지고는 마무리한다. 인간에게 있어 '시간의 끝은 죽음인가? 아니면 인간은 시간 속의 존재'인가를 사유한다.

이 두 편의 수필 속에서 우리는 안윤자의 '지성의 탐미', '방랑자의 고뇌와 꿈', '고독한 영혼' 그리고 '사랑'을 엿보게 된다. 더하여 그의 수필에는 다른 무엇이 있다.

2. 무위無爲의 기행수필

안윤자 수필의 여러 편은 기행수필이 차지하고 있다. 그 대표적인 수필이 「시애틀 연가」, 「유럽의 향수」, 「블레드 호수의 추억」 등이다. 이들 작품은 각각의 특징을 지니고 있다.

「시애틀 연가」는 제목이 시사하고 있는바, 시애틀에

사는 직장 동료였던 S와의 만남을 모티프로 한 수필이다.「유럽의 향수」도 제목대로 유럽 여행을,「블레드 호수의 추억」은 슬로베니아 소재 블레드 호수를 모티프로 한 수필이다. 그리고「반월」은 "섬 모양이 반달을 닮아 붙여진 전남 신안군의 외진 바닷가"를 모티프로 한 수필이다.

 여행을 글감으로 한 수필을 일반적으로 기행수필이라 칭한다. 그것은 아마도 여행문, 여행담, 여행기가 부르는 실용문학과는 다른 변별성 있는 문학 장르임을 표방하기 위한 것으로 보인다. 기행수필은 여행을 모티프로 한 문학적인 수필이다. 따라서 여행의 일정이나 여행에서 벌어진 사건 기록이 아닌 여행 일정 속에서의 사유와 정서, 그리고 나아가서는 삶과 인간에 대한 깨달음의 언어가 함유된 문학작품이라 할 수 있다.

「시애틀 연가」는 "십수 전 가을 LA 카운티에서 휴가차 잠시 머물렀다. 내 지갑 속에는 백 불짜리 지폐 열 장이 고이 숨겨져 있었다. 동행한 이도 모르게 환불해 갔던 천 달러의 속내"라는 이 수필의 시작 점은 시애틀에 사는 친구 S를 찾아가는 출발점이다. 그녀에게 천 달러라도 쥐어주고 싶어서. 직장 동료로 만나 우정을 나눈 비슷한 연배의 친구인 그녀는 대학병원의 부서장 자리를 던지고 홀연 시애틀로 외아들을 앞세우고 날아간다.

"우리끼린 직업에 대한 자부심이 있었고 커리어우먼을 자처했"지만, "그녀가 발을 디딘 이국에서 의외로 삶의 고초를 겪고 있다는 풍설이 나돌았다"고, 그 친구와의 전화는 닿지 않았다. 그래서 작가는 "울며 겨자 먹기 식의 미서부 여행길에" 오르게 된다.

> 가도 가도 메마른 모하비 사막에서 기도하듯 하늘을 향해 양팔을 벌리고 서 있는 죠수아 나무들. 고대에는 내해였으나 화산과 강물의 퇴적 작용으로 사막 지형이 되었다는 막막한 불모지를 헤집고 종일을 달리고 또 달렸다.
> 창창한 하늘과 마주한 메마른 사막. 저 아득한 벌판 어딘가에서 버펄로의 등에 올라탄 모하비족 인디언들이 툭 튀어나올 것만 같았던 환영. 끝도 없이 고립된 모하비의 적막감.
> 허허한 사막의 끝 지점에서 만난 미서부 개척 당시의 은광촌 칼리코Calico 고스트타운Ghost Town을 지나자 붉은 덩어리 같은 해가 지평선으로 기울고 있었다. 어둑해질 무렵 콜로라도에 닿았다. 그 강변 호텔에서 여장을 풀

었다.

 요행히 둥근달이 휘영청 떠오른 콜로라도의 밤. 작은 배에 몸을 싣고, 로키에서부터 발원하여 거대한 협곡을 향해 흘러가고 있는 강물의 정적을 음미했다. 무겁게 가라앉은 우주의 적막, 아름다운 콜로라도의 달빛이 물결에 어리었다.

 기차를 타고 횡단하다가, 버스로 갈아타기도 하면서 애리조나 북부의 그랜드 캐니언에 당도했다. 차마 몫이 따로 정해져 있었기에 지갑 속에 숨긴 천 달러를 헐어 쓰지는 못했다.

-수필 「시애틀 연가」 중에서

 모하비 사막의 적막감. 은광촌 칼리코Calico 고스트타운. 콜로라도 강변의 달빛, 그랜드 캐니언 등을 기차도 타고 버스도 갈아타며 여행하고 있지만 작가는 "지갑 속에 숨긴 천 달러를 헐어 쓰지는 못했다"고 토로한다. 그 이유는 "몫이 따로 정해져 있는" 돈이기 때문이다.

 위에 예시된 여행 경로에서 주목되는 부분은 "둥근달이 휘영청 떠오른 콜로라도의 밤. 작은 배에 몸을 싣고, 로키에서부터 발원하여 거대한 협곡을 향해 흘러가고 있는 강물의 정적을 음미했다. 무겁게 가라앉은 우주의 적막"이라는 구절이다. "강물의 정적"과 "우주의 적막"이라는 언어는 친구와 함께하지 못하는 작가의 마음을 엿보게 하는 언어들이다. "서울에 도착한 직후 짐짓 그녀로부터 걸려 온 전화를 받았다. 어찌 된 일이었냐고? 전화 오기만을 계속 기다리고 있었다는데"라는 문장의 행간 속에는 그 친구에겐 사정을 밝힐 수 없는 어떤 일이 숨겨져 있었을 것이라는 것. "내가 미처 그것을 헤아리지 못"한 사정이 그에게 있었음을 작가가 알아챈 것이다.

친구를 만나기 위해 떠난 여행의 목적이 결국 빗나간 결과를 초래했지만, 작가는 그날의 일을 지금은 이렇게 사유한다. "궁색한 시간을 머리 굴려 쪼개어가며 밤 비행기를 타고 훨훨 지구를 날았던 이방異邦의 풍경들이 덧달려 사무치도록 그립다. 시니어의 우수 속에서 유독 그 한 장만이 반짝반짝 빛이 난다, 돌이켜보면 그때가 우리 인생에서 가장 찬란한 젊은 날의 초상이었으리"라고.

그리고 친구를 부른다. "친구여! / 이 밤 근심 없이 잠들었는가. 오늘 그대는 안락한가? 이곳이 한낮일 때 거긴 어둠이 깃들고 그곳이 낮일 때는 여긴 새벽이 튼다. 혼자일지라도 씩씩하기를. 그리고 아름다운 시애틀

에버그린evergreen의 밤이 오래도록 지속되길, 친구야"라고 이 수필의 결말 부분에 안부를 묻고 기도한다.

「유럽의 향수」서두는 이렇게 시작된다. "코로나 팬데믹으로 삶이 갇히면서 여행의 추억이 아련해진다. 마치 전생의 흔적처럼 아련한 이국의 하늘 밑, 그 풍광들. 다시는 울 밖으로 빠져나가지 못할 것만 같은 우울한 심리로 정신은 맥없이 위축되어 간다. / 살아오는 동안 오십여 나라의 국경선을 밟고 또 넘었다. 지금이야 누구나 떠난다지만 불과 삼십여 년 전만 해도 해외여행은 문자 그대로의 로망roman이었다. / 분당에 제대로 된 집 한 채를 장만한 직후부터 유럽으로 눈길을 돌렸던 것 같다. 잠재해 있던 문화적 욕구의 분출이었을까. 유럽 여행은 실로 오랫동안 그려온 추상의 세계요 동경이었다. 내재된 세계화의 작업과도 같았던"이 그것이다. 절약 생활로 마련한 여행비의 어려움. 특히 유럽을 여행하는 그 준비의 설렘 등을 디테일하고 진솔하게 서술한다. 그리고 본격적으로 여행지에 대한 감흥을 알프스에서 시작한다.

빙하에 덮인 알프스가 신비로웠고 중세의 패턴이 잔재한 유럽의 구도심에 한없이 정이 끌렸다. 빈티지 그 자체

로 여겨지던 닳고 닳은 잔돌이 박힌 오랜 문명의 이끼 같은 골목길들. 그 좁은 길목에는 상호 대신 높은음자리표나 포크를 그린 간판이 신선하고도 이국적이었다.

　발길 닿는 곳이면 널려있는 누구누구의 생가. 그런 기념관들은 또 얼마나 이국적인 감성과 지적 상상력을 자극했던가. 유럽 특유의 나지막한 붉은색 지붕들도 왠지 모를 노스탤지어를 느끼게 했다.

　여행지에서 나의 철칙은 노트를 지니지 않는 것. 사진도 거의는 찍지 않았다. 앙증맞은 소형 라이카 카메라를 목에다 걸고 있었지만 일종의 경험철학이랄까. 필름 속에 담아두려는 욕심으로, 오로지 메모라는 관성에 이끌려서 두 번 다시는 못 볼지도 모르는 풍경을 하나라도 놓치고 싶지 않았다. '적지 말자'가 그때의 다짐이었으니.

　오로지 눈의 눈 속에, 심장 속에 박아 두고 싶었다. 한참의 세월이 흘러갔어도 그날의 오감이 새파랗게 재생되는 걸 보면 골수에다 새긴 저장법이 꽤나 쓸모가 있었나 보다.

　　　　　　　　　-수필「유럽의 향수」중에서

　그러나 위에서 보듯이 안윤자의 기행수필「유럽의 향

수」는 여행지에 대한 풍경 묘사나 감흥이 그려지지 않는다. 그 대신 위의 제시문에서처럼 "여행지에서 나의 철칙은 노트를 지니지 않는 것. 사진도 거의는 찍지 않았다. 앙증맞은 소형 라이카 카메라를 목에다 걸고 있었지만 일종의 경험철학이랄까. 필름 속에 담아두려는 욕심으로, 오로지 메모라는 관성에 이끌려서 두 번 다시는 못 볼지도 모르는 풍경을 하나라도 놓치고 싶지 않았다. '적지 말자'가 그때의 다짐이었으니"라고 자기 나름의 여행경험철학을 서술한다. "여로에서는 엄청 큰 박물관이나 유명한 음악당, 특히 동굴 같은 데 들어가는 걸 나는 좋아하지 않는다"는 것이나 그 대신 "영원을 향해 도도한 역사의 물줄기로 흘러가고 있는 템즈나 센강, 별빛 푸른 도나우의 밤, 다뉴브와 라인강변을 거슬러 가며 어떤 상념도 배제한 채로 원시의 언어들과 맞닥뜨린 순간이 훨씬 더 감동을 주"고, "무엇보다도 깊은 영감과 사색에 잠길 수가 있"다고 역설한다. 그리고 "그런 무위가 더 우주적인 지평에 닿아 있었다"라는 인식을 표명하고 있다. 이 부분에 대해 우리는 주목해야 한다.

무위無爲의 사전적 의미는 ① "아무것도 하는 일이 없음. 또는 이룬 것이 없음"이다. ② "인연을 따라 이루어진 것이 아니며 생멸生滅의 변화를 떠난 것"을 말하기도 한다. 이 무위사상은 도가 사상의 중심 사상이다. 인위人爲 또는 작위作爲와는 상대적인 개념으로 자연스러움을 의미한다. 그 속에서 사유가 깊어지고 깨달음에 가닿을 수 있는 무심無心의 상태와도 통하는 세계이다. 그것을 작가 안윤자는 여행을 통해서 그 속으로 들어가려는 것이다.

수필 「블레드 호수의 추억」은 슬로베니아 블레드 호수 건너 블레드 섬의 뾰족 첨탑 성모마리아 성당을 여행한 체험을 쓴 수필이다. 그곳을 작가는 "가히 천상적인 아름다움이었다. 거대한 알프스산맥이 마침표를 찍고 내려앉은 자리에 빙하수로 녹아내린 수정 같은 호수는 동화 속 신화를 품고 있었다"고 표현한다. 그리고 그곳으로 가는 여정을 소개한다. "블레드 선착장에서 건장한 보트맨이 노를 젓는 슬로베니아의 전통적인 나룻배 플레트나pletna를 타고 호수를 건너갔다. 천국의 계단처럼 아흔아홉 개 가파른 절벽을 숨을 헐떡거리며 오르고서야 마주할 수가 있었던 성모마리아 성상. 그 앞에서 고개를 숙였다. 동방에서부터 여기 닿기까지의 여정에 감사하는 마음을 모아"라고 표현한 부분이 그것이다.

"그리고 이 성소의 종탑에서부터 지상으로 길게 늘어뜨려진 밧줄을 당기며 가슴속 염원을 토해냈다. 자연보호를 위해 오직 스물세 대만이 운행되고 있다는 블레드 호수의 플레트나는 그 기원이 1590년까지 거슬러 올라"가고, "18세기 합스부르크 왕가를 상속받은 마리아 테레지아 여제. 유럽의 어머니가 된 그 귀하신 몸도 이 작은 배에 성체를 싣고 블레드 호수를 건너갔을 것"이라고 상상의 나래를 펼친다.

그리고 작가는 이 수필의 후반부에서는 "슬로베니아를 떠나 아드리아해 연안의 몬테네그로"로 여행길을 떠나며 당도한다. 그리고 그곳에서 "치고 뺏는 영토 싸움이 잦았던 중세기에는 매우 험난한 요새였을 성안 성당으로 발길을 옮긴다." "검은 긴 수단에 수염을 기른 사제" "반짝이는 스테인드글라스에 눈을 팔다가 성물방에서 조그만 이콘ikon 하나를 골랐다. 성화의 원류가 동방정교회인데 채색이 약간 어두운 풍"에 마음을 뺏긴다. 그리고는 알바니아로 입국하는 여정을 짧게 기록한다.

또한 그 감회를 "이름처럼 잔잔한 내해로 파도가 거의 없는 아드리아해 해변을 걸으려고 새벽부터 부지런 떨고 바다로 면한 호텔 뒷문 쪽의 마당으로 나오니 당산

나무처럼 우람하게 서 있는 올리브 나무 한 그루"의 반 김을, "뜰을 다 차지한 고목의 올리브나무가 경이로"움. "그 한 그루만으로도 능히 숲을 이루었던 열매 그득 매달린 아, 푸른 감람나무 숲!"을 찬미하면서 소회를 마무리한다.

기행수필 「반월」은 "리모컨을 돌리다가 우연히 시선이 고정된 TV 속 정경"인데 그 영상을 퍼플섬Purple Island의 풍광으로 인식, 이국적인 감성 속으로 빨려 들어가서 실황처럼 영상을 체험하게 된다. 그리고 꿈속에서 "옛 고향 집"과 그 집의 수돗가에 젊은 날의 어머니가 오신 꿈을 꾼다. "꿈속에서도 먹먹했던 아이는 보라색 운동화를 신고 있었고. 어머니가 이부자리 홑청을 꿰매었던 대청마루에는 눈에 익은 반닫이와 주황빛이 감돌았던 아버지의 책상이 거기 그 자리에 놓여있었다."라고 공감각적으로 장면을 표현한다.

이어 반달의 미학을 사유하게 된다. "원형을 향해 둥글어져 가는 반달의 이미지는 채움의 미학이다. 더하여 비움의 철학이며 공空이 되는 여백이다. 무엇을 채우고 무엇을 비워야 하는가? 더 채울 수도, 더 비워낼 수도 있는 여백의 여운. 이것이 반월이 상징하는 신비가 아닌

가. 저마다의 인생행로가 아닐까 한다"고 사유하며, "반월도의 늙으신 그 어머니는 지금쯤은 섬에 아니 계실지도 모르겠다. 하여도 날마다 자식들을 위해 바친 섬 집 어머니의 낭랑한 반야심경 독경은 보랏빛 염력으로 흐르고 고여서 언제까지고 그 섬을 비춰주는 반월로 떠 있을 것이다"라는 작가의 무한히 확대된 상상력의 지평과 포용의 관성을 확인할 수 있다.

그리고 마지막까지 사유의 끈을 놓지 않은 것도 주목의 포인트다. "자식이라는 이름표가 붙여진 이 세상의 모든 아이들을 가호하는 우주의 선한 에너지로 출렁댈 것이다. / 이제쯤은 내 어깨의 짐들도 내려놓아야 한다. 긴 세월 무의식 속의 자아를 지배해왔던 집착이라는 허울을 이제는 걷어내고 싶다. 남아있는 생의 강물을 사뿐히 건너가기 위해서라도. / 내 곁을 스쳐 지나가는 사람들에게 보일 듯 말 듯 한 엷은 보랏빛의 인사를 건네며 남은 여정을 지루해하지 않는 것. 반월의 행로처럼 맑은 여백을 비워두고서."

이것으로 영상 기행을 통해서 만난 여행의 체험과 작가의 상상력과 깊은 사유는 이 수필「반월」를 결코 간과하지 못하게 한다. "자식이라는 이름표가 붙여진 이 세상의 모든 아이들을 가호하는 우주의 선한 에너지"를 인식하는 작가의 상상력은 '무위無爲의 미학' 없이는 가능치 않은 무한대의 상상력이다.

3. 종교적 실존, 절대고독

 수필 「마지막 인사」는 법정 스님과의 인연을 모티프로 한 수필로 200자 원고지 35매 분량의 중수필이다. 이보다 더 긴 수필은 「푸른 비망록」으로 200자 원고지 50매 분량의 수필로 작가의 정체성을 다소 이해할 수 있는 수필로 주목된다.
 우선 수필 「마지막 인사」부터 보자. 이 수필은 이렇게 시작된다. "이 세상에서는 마지막이 될 해후. 시절인연 따라 나에게로 왔던 고맙고도 귀한 인연을 떠나보내는 길목에서 그분께 마지막 작별 인사를 고한 것은 영면에 드시기 나흘 전이었다."가 그것으로, 여기에서의 '그분'은 법정 스님을 일컫는다. 법정스님의 위독 소식을 듣고 그분의 병실로 달려가서 작별 인사를 고한 과정을 그린, 이 수필 「마지막 인사」는 그와의 인연을 담담히 회고하고 풀어간 서사수필이다.

작가가 법정 스님에게 말한 그 마지막 인사는 "벨라뎃다가 스님을 뵈러 여기에 왔었다고……."이다. '벨라뎃다'는 작가의 세례명으로 보인다. 수필「푸른 비망록」에서도 언급된 프랑스 루르드의 성녀인 베르나데트Bernadette라는 세례명과 관련 있는 것으로써 '벨라뎃다'는 프랑스어 '베르나데트'의 영어식 발음이 아닌가 한다.

위독하신 법정 스님을 만나러 가는 날의 풍경을 수필에서는 이렇게 표현하고 있다.

"병원으로 향하던 날은 일요일 아침이었다. 기억 저쪽의 편린들이 눈보라처럼 펄펄 날렸다. 버스를 타고 내를 건너 앳된 수도자의 신분으로 마주한 어느 젊었던 날의 해질녘, 산바람만이 넘나드는 적요한 불일암 뜨락에는 우주의 한숨처럼 백목련 꽃잎들이 지고 있었다."고 감각적으로 표현하면서 과거의 회상으로 들어간다.

"언젠가 스님이 내게 이르셨다. 눈에서 멀면 마음에서도 멀어진다고. / 아마도 환속을 앞두고 고뇌하던 때, 마지막 속내를 내비친 바로 그날이었을 것이다. / 수녀로서 성공할 자신이 제겐 없습니다. / 물리적인 성공을 뜻한 것은 물론 아니다. 거룩한 완덕에 이를 자신감을 나는 잃어가고 있었다. 그래도 종신서원 5년차 수녀 입에서 나올 법한 말은 결코 아니었다."고 젊은 날에 불일암에서 있었던 스님과의 일화를 떠올린다. 이로써 당시의 안윤자 작가의 신분이 드러난다. 작가는 '종신서원 5년차의 수도자'였음을 이 수필에서 알게 된다.

안윤자 작가가 수도자로서 "법정스님을 처음 대면한 것은 첫서원을 앞둔 어느 해 여름"으로, "당시 스님은 불멸의 에세이집을 상재한 후로 막 필명을 떨친 유명 인사"로 봉은사 다래헌에 계셨을 때였고, 작가는 "첫서원을 앞두고 명동 본원에서 대피정에 임하고 있던 20대의 앳된 수도자"일 때이다. 그때를 작가는 이렇게 회상한다. "그해 한여름 날의 풍경이었으리. 눈에 시린 이 한 장의 흑백사진은. / 수녀원에서는 주기적으로 사회적 명사들을 초대해서 강의를 들었다. 수도자들의 영성에 지적 균형감을 함양하려는 배려 차원이었을 것이다. 그때 초빙된 외부 인사 가운데서도 법정스님은 단연 획기적이고 이색적인 인물"이었던 분이었음을 회상한다.

작가의 이러한 뜻밖의 환속 고백에 법정 스님은 이렇게 말한다. "수도복을 입었다고 다 수녀가 아니고, 승복을 걸쳤다고 다 중이 아니다. 그런데 벨라뎃다 수녀님은 내가 겪어본 사람 중에 드물게 훌륭한 수도자이지. 내 눈은 한 번도 틀린 적이 없어. 이 말을 믿어야만 해요."라고 환속해서는 안 되는 이유를 역설한다.

그러나 "새장 속에 갇힌 병든 새처럼 제한 없는 무한대의 자유가 그리웠"고, "영적이고 외적인 모든 억압의 실체로부터 훨훨 벗어나고만 싶었던 자유에의 동경. 그런 속병을 앓는 젊은 수녀에게는 그 어떤 처방전도, 설득도 마이동풍의 상찬에 불과할 뿐"이라는 생각을 하게 된다. 그리고 "'세상에서 사흘도 못 살 사람!'이라고 낙인을 찍어 논 스님의 책망은 역으로 이 풍진 세상살이의 파고를 넘는 강단이 되어 주었"고. 그 덕분에 "저주에 빠져서 잠든 숲속의 공주처럼 삼 일이 아닌 삼 년 동안을 얼마나 살얼음 위를 기어가듯 조심조심 살아냈는지 모른다"라고 토로한다.

또한 세심헌에서의 만남을 통한 사유가 깊어진다. 그것을 작가는 이렇게 표현하였다. "성聖에서 속俗으로 격하된 노상에서의 삶은 모호한 빛깔로 채색되고 있었다. 나는 잘려져 나간 나뭇가지가 되었고 다감했던 인연들로부터 멀어져 갔다. 아니, 나 스스로가 어떤 초상으로부터의 격리를 선택했다고 말하는 게 더 옳을 것이다. /

그렇다고 삶이 비감했다는 뜻은 결코 아니다. 비록 성스러운 문에서는 되돌아 나왔지만, 아직 가보지 않은 비탈에도 신기한 꽃들이 피어있었다. / 그것이 설령 속된 탐닉이라 할지라도 일찍이 수도원이 나에게 부여하지 못한 생의 또 다른 추구임에는 분명하지 않았겠는가. / 눈에서 멀리 떨어져 가슴에서도 잊힌 시계에서 나는 점차 세속적인 사람으로 영글어 갔다. 이제는 지면을 통해서나마 안부를 엿듣고 살아온 소소한 일상도, 어느 해 문득 찾아오셨던 먼 바닷가 세심헌에서의 추억도 한낱 신화의 장으로 묻혀갈 것이다."가 그것이다.

그리고 수녀원으로 강의하러 처음 온 스님에 대해서는 이렇게 그 인상을 말하기도 한다. "일찍이 서구화된 수녀원의 문화와는 사뭇 대조적으로 풀물 빳빳이 먹인 잿빛 장삼에 흰 고무신을 신은 스님은 수녀들이 까만 구둣발로 따박따박 걸어오는 긴 복도를 휘적휘적 산길처럼 걸어오셨다. / 거기다가 유난스럽도록 밀어붙인 광이 빡빡 나는 맨머리가 어찌나 분심을 주었는지 모른다. 음전한 수녀원의 분위기와는 생판 다른 뉘앙스였기 때문이다. 그런 이질감에도 불구하고 스님은 뻔뻔하리만큼 자기네 절간 마당처럼 유창하고 사변적이었다. / 그날 법정스님이 '우리 자매들'이라고 불러준 수녀들에게 꼭 읽어보라며 추천한 신간이 생텍쥐페리의 『어린 왕자』다."가 그것이다.

그로 인해 작가는 "종파를 떠나서 같은 수행의 길에 서 있다는 동질감"으로, "수녀들은 스님이 머물던 삼성동 다래헌을 스스럼없이 방문하곤" 했고, "가톨릭의 수도원과 불교의 수행자들 간에는 친화적이고도 수평적인 관계가 형성되어 갔다"고 느끼게 된다. 그것을 "'법정'이라는 대단히 심미적이고도 인문학적인 한 수행자의 역할이 숨어 있었음을 부인할 수는 없다"고도 사유한다.

> 스님이 입원해 계신 의료원에 도착했으나 예상대로 면회는 사절이었다. (…) 주변에는 나보다 먼저 온 듯한 어떤 스님이 들어가지 못하고 서성거리고 있었다.
> 그때 반가운 손님들이 등장했다. 키가 후리후리한 승녀 세 사람이 로비에 막 들어선 것이다. 한눈에도 송광사 학승들이 분명해 보였다. (…) 그들은 곧장 전용 엘리베이터 쪽으로 거침없이 걸어가고 있었다. 나는 때를 놓칠세라 달려가서 편지를 내밀며 법정스님께 꼭 전해달라고 부탁했다. (…)
> 그리고 곧장 법정스님의 맏상좌로 길상사 주지인 덕조

스님에게서 전화가 걸려 왔다. "벨라뎃다님! 금방 데리러 내려갈 테니 꼼짝 말고 그 자리에 있으세요." 그 말이 채 끝나기도 전에 덕조스님이 로비에 나타나셨다. (…)

병실로 올라가는 엘리베이터 안에서 덕조스님은 "스님이 정신은 있으세요." 하고 귀띔해 주었다. 사람은 알아볼 수가 있으니 참고하라는 뜻이겠지. 두근대는 심장으로 맞닥뜨린 병상의 하얀 시트 위에 스님이 누워계셨다. 암으로 임종하는 마지막 순간이 그렇듯, 한눈에도 몹시 격한 막바지 통증으로 시달리는 모습이었다. (…)

내 덕에 상봉이 허용된 문병객 스님은 침상 가까이서 스님의 손도 만져보고 하는데 차마 나는 머리맡에 닿지 못하고 먼발치서 가슴에 두 손을 얹은 채로 스님을 응시하며 서 있을 뿐이었다.

무주공간에 홀로 내쳐진 사람처럼 아무런 상념도 일지 않았다. 다만 눈길이 마주쳤을 때, 그 순간 스님 얼굴에 엷은 미소가 스쳐 간 듯도 하다.

아아 벨라뎃다! 벨라뎃다가 와주었구먼. 그렇게 알아봐 주셨을 것이다.

-수필 「마지막 인사」 결말 부분

위 인용문은 작가가 법정 스님을 병실에서 마지막 뵌 장면을 묘사한 부분이다. "그로부터 이틀 후 법정스님은 의료원에서 길상사로 옮겨"지고 "다시 이틀이 지나고 그 주간 목요일에 법정스님이 열반에 드셨다"고 작가는 말한다.

　그리고 "평시의 스님이 잘하신 조크처럼 실물 대조로 끝이 나버린 이 세상에서의 마지막 상봉"을 작가는 "눈 속에다, 가슴속에다만 수없는 상념을 깔았을 뿐, 한마디 말도 하지 못하고 돌아선 그런 해후였다"고 회상한다. 이렇듯 스님에게 드린 '마지막 인사'는 '응시'였다.

　그러나 작가는 "슬퍼하지 말라"고 위로해주는 덕조스님에게 "처음 불일암으로 오르는 개울을 건너가던 때, 손을 내밀어 잡아주신 날이 있었고 마지막 그분의 실존을 가슴에 다시 담을 수 있었던 날, 그것이 그분과 인연의 시작이었으며 끝이었다"고 말한다. 이러한 「마지막 인사」의 서사는 다분히 드라마틱한 서사이다.

　수필 「푸른 비망록」은 이렇게 시작된다. "가톨릭신자로 세례성사를 받은 지 55년이 되는 해다. 파노라마처럼 스치는 기억들이 마치 어제 일 같건만 유수와도 같이 흘러간 세월. 순례자처럼 때로는 도시의 방랑자가 되어 배회한 지난날들의 서사는 곧바로 나의 인생길이었다. 아스라이 저 너머 흑백사진처럼 피어나는 영상"이라고 말하면서, 지난날을 회고하는 자전적인 수필 200자 원고지 50여 장의 첫 장을 장식한다.

그리고 이 수필의 결말 부분은 이렇게 마무리된다. "올해의 성탄절은 영세한 지 만 55주년이 되는 날이다. 반세기가 훌쩍 지나버린 그해의 성탄처럼 실로 오랜만에 자시미사를 기다리고 있다. 비록 그날의 감회와 설렘을 재현할 수는 없다 해도 아버지의 집으로 돌아가고 싶은 탕아의 심정으로 오늘 밤의 자시미사 참례를 준비한다. / 다시 돌아가야만 하는 자리. 처음 주님을 영했던 자시미사 때의 그 간절한 기도 속으로 나는 돌아가야만 할 것이다."가 그것이다. 이 수필의 수미首尾를 볼 때, 작가는 자신의 삶을 "순례자처럼 때로는 도시의 방랑자가 되어 배회한" 삶으로 인식하고 있는 것으로 보인다. 또한 지금의 심사는 "탕아의 심정으로 오늘 밤의 자시미사 참례를 준비"하는 마음을 지니고 있음을 고백한다.

이 수필 「푸른 비망록」의 서사는 이렇게 시작된다. "가난하고 고요한 그해의 성탄절에 (…) 삼백이십 조항 교리문답 책을 딸딸 외우고도 모자라서, 일 년 반 동안이나 착실히 교리 공부를 더 하며 세례를 받"는 이야기부터이다.

남루하기만 했던 그날, 작가는 "아버지의 장례 날 상복으로 입었던 누런 광목천의 소복을 꺼내서 입고 세례식에 갔던" "고딕양식의 고풍스런 공주중동성당"의 아름다운 풍경이 "평생을 두고 그리움을 주는 내 마음속의 풍경"이라고 토로한다. 그리고 그때의 모습을 디테일하게 묘사한다. "베르나데트Bernadette라는 세례명을 받고 성교회의 딸로 다시 태어난 성탄절 이브. 그날 자시미사에서 첫영성체를 했"을 때, 그 당시의 마음가짐을 역시 디테일하게 표현한다.

"미사 봉헌 때마다 영성체하는 신자들이 대단한 특권을 누리는 영혼들처럼 몹시 부러웠는데 아아, 이젠 나도 성체를 영할 자격이 부여된 것이구나, 그 점이 가장 두근거리고 뿌듯했다"고 토로한 것이 그것이다. 그리고 "장엄한 크리스마스 축가가 오래된 성당 안에 가득히 울려 퍼지며 자시미사가 거행되고 있었다. 드디어 제대 앞으로 나가 첫영성체를 하는 순서가 되었다. 간절하고 간곡한 기다림 끝에 처음으로 영하는 성체! / 얼마나 눈물이 쏟아지던지. 춥고 누추한 내 영혼의 집에 나사렛의 예수님이 찾아와주신 떨림이었다. 감동이었다. / 그때 나는 인성으로서의 예수를 열절히 사모했던 것 같다. 면병 속의 성체가 입속에서 녹아 넘어가기 전에 예수님을 내 안에다 붙잡아 놓고 얼마나 애절하게 간구했는지 모른다"고 고백하면서,

"주님! 이젠 제가 다시 학교에 다닐 수 있도록 도와주세요. 네? 예수님! / 그리고 영원히 주님을 믿고 바라보고 사랑하게 해주세요. 예수님!"라고 간원하기도 한다. 그 후 얼마 안 있어 작가는 "아버지를 여읜 그해 봄부터 시름시름 앓기 시작"한 건강을 회복하고 "기숙사가 있는 인근 도시의 여학교"인 가톨릭 미션스쿨 논산 쌘뽈여중고에서 5년 동안의 학창 시절을 보낸다.

이 시절의 이야기를 작가는 이렇게 기술한다. "나의 전 신앙생활을 통틀어서, 그리고 인생에서 가장 다감하고 행복한 시간이었다. 아가서의 신부처럼 오직 주님만이 나의 희망, 나의 사랑이라고 고백할 수가 있었던 애틋한 계절. 그때는 정말이지 주님을 그리워했다. / 생의 자취를 돌아보건대 아주 엄격한 수녀님이 기숙사 사감이었던 중고등학교의 학창 시절은 삶의 노정에서 그중 순후한 시간이 아니었나 싶다"고 회상한다.

고통의 심연에서 다다른 피안처럼 언제나 숭고한 감수성으로 충만했던 모교의 캠퍼스는 다함없는 신심의 세계로 내 영혼을 이끌어간 영성의 징검다리가 되어주었다.

모든 생각과 상념의 근원이 주님이었고 언행과 사고의 중심에는 언제나 주님이 자리했던 그곳은 힘겨운 인생길에서 가장 성스럽게 안배된 선물이었다는 생각이 든다. 은총처럼 주어졌던 이 시간대의 축복에 대해 나는 신께 무한한 감사를 올려야만 할 것이다.

A.J 크로닌의 〈천국의 열쇠〉를 읽으며 치섬 친부에게 무한대로 빠져들 수 있었던 감성의 바닷속. 타고르와 헤르만 헤세를 동경하고 학교 도서관에서 바라보는 유난히도 푸른 하늘을 올려다보며 초월적인 세계를 몽상하였던 때.

칼릴 지브란과 칼 라너와 십자가의 성 요한에게 심취하여 영혼의 문을 활짝 열어젖힌 시기. 포켓 영한사전처럼 낡도록 들고 다니며 읽고 또 읽고 묵상에 잠긴 토마스 아 켐피스의 준주성범은 신께로 가는 오솔길을 밝혀준 등불이었다.

-수필 「푸른 비망록」 중에서

작가의 첫 번째 비망록인 세례성사에 이어 두 번째 비

망록인 가톨릭 미션스쿨 논산 쌘뽈여중고에서의 학창 시절을 작가는 위의 인용문에서 "영혼을 이끌어간 영성의 징검다리"였다고 회상한다. 안윤자 작가는 "모든 생각과 상념의 근원이 주님이었고 언행과 사고의 중심에는 언제나 주님이 자리했"던 학창 시절의 신앙생활을 축복이었다고 토로하고, 작가의 영혼에 영향을 주었던 사상가나 작가의 저서도 밝히고 있다.

그리고 "그 길에서 만난 예수님은 인생이라는 여정에서 의식의 중심부를 관통한 기호가 되었고 구도의 목적지였으며 운명적인 인생행로가 되었"음을 밝히는 한편 그 후 "젊었던 날에는 두말할 것도 없이 모든 사유의 중심이었던 예수라는 이름이 납덩이처럼 점점 버거워지기 시작했다. 신앙의 휴지기에 다다른 모양이었다. 교리와 계명이 사슬처럼 여겨져서 짐스럽고 귀찮아져만 갔다"고도 고백한다.

또한 이 수필의 결말 부분에서 작가는 "어떠한 명제에도 결코 얽매이고 싶지 않은 무신론적인 욕구. 그 어떤 개체로부터의 속박도 단연코 거부하고 싶은 끝없는 자유에의 갈망! 추상적이고 인위적인 거대한 초상으로부터 해방이 되어 훨훨 날아가고만 싶었던 자유를 나는 얼마나 꿈꾸고 추구했"다고 신앙생활의 방황, 형이상학적인 자유 갈망, 신을 향한 반항, 그리고 "유전적으로 순수 영성의 소유자였던 아메리칸 인디언의 내적 세계"에 대한 탐닉을 고백한다.

그리고 "신앙에 대한 나의 방황은 아직도 마침표를 찍지 못한 미완의 진행형이다. 어쩌면 생을 마감하는 그 순간까지도 지속될지 알 수가 없는" 방황임을 사유하기도 한다. "구도의 길은 인생사와 흡사하다. 삶의 무대에는 비바람치고 햇볕 드는 날이 공존하듯 신앙생활 역시 '내 주를 가까이'하는 뜨거운 한때가 있는가 하면 얼음장처럼 차가운 냉담의 터널을 통과해 가야만 한다. 살아보니 열정과 냉탕 사이를 오가는 신앙생활이 곧 인생사가 아닐까 싶어지니 말이다."라고 끝없는 삶의 고뇌를 토로하기도 한다.

그리고 "이제는 살아온 날들보다 살아갈 날수가 훨씬 짧아진 저물녘에 서 있"으면서 작가는 이 수필에서 이렇게 마무리를 한다. "머지않은 날에 나는 이 세상에서의 순례를 마칠 것이다. 세상 모든 이치와 이성을 뛰어넘는 영역 그 너머에 계실 주님! 지금은 가려져서 희미하게 보이나 어둠의 장막이 걷히는 날, 그때는 주님의 얼굴을 맞대고 볼 수 있지 않겠는가. / 올해의 성탄절은 영세한 지 만 55주년이 되는 날이다. 반세기가 훌쩍 지나버린 그해의 성탄처럼 실로 오랜만에 자시미사를 기다리고 있다. 비록 그날의 감회와 설렘을 재현할 수는 없다 해도 아버지의 집으로 돌아가고 싶은 탕아의 심정으로 오늘 밤의 자시미사 참례를 준비한다. / 다시 돌아가야만 하는 자리. 처음 주님을 영했던 자시미사 때의 그 간절한 기도 속으로 나는 돌아가야만 할 것이다"고 신앙고백을 마친다.

"신앙생활은 인생사와 비슷하다. 삶의 무대에는 뇌성벽력이 몰아치는 날이 있는가 하면 쨍하고 해 뜨는 날도 있기 마련이다"라고 시작하는 「예수마누라님」이라는 아이러니 수필에서도 "쌩뽈에서의 학창 시절은 사막 교부들의 영성을 탐닉하면서 신께로 향한 그리움을 맘껏 채색할 수가 있었던 영혼의 전당이었다. 내 인생의 가장 순결하고도 열절한 시간이었다"고 진솔하게 고백한다. 필자는 신앙고백을 모티프로 한 수필에서 이렇게 진정성 있고 진솔하게 토로한 수필을 아직까지 본 적이 없다.

이렇게 수필 「마지막 인사」와 「푸른 비망록」를 조야하나마 그 서사를 살핀 이유는 이 스토리가 내포하고 있는 의미에 주목하는 이유다. 일반 독자들에게는 몽상적이고 신비로운 이 서사들은 작가의 신앙고백적인 진솔한 삶의 스토리지만, 이 작품에서 흐르는 서사와 사유 등 모든 이미지가 깊고 새롭기 때문이다.

신앙고백적인 문학작품은 인간의 원초적인 정서와 인간 삶의 본체를 탐색하려는 문학에서는 역기능적이라는 이유 때문에 문학적이지 못하다는 비판에 직면하기도 한다. 이는 인간 내면을 깊게 하는 종교를 부정하는 맥락이 아니라 신앙생활의 형태나 의식이 비문학적이라는 생각 때문이다.

그러나 안윤자 수필이 내포한, 특히 수필「마지막 인사」,「푸른 비망록」, 그리고「예수마누라님」에서 보여주고 있는 진솔함과 인간적인 진정성은 순수한 신앙고백을 훼손하지 않고 오히려 지극히 인간적이라는 점에서 인간 영혼에 내재된 그 이면을 볼 수 있어 주목된다. 또한 이 수필들의 서사는 '원 소스 멀티-유스'적인 문학의 기능, 그 가능성을 보여주고 있다는 점에서도 주목한다.

안윤자 수필에서 보여주고 있는 신앙적 삶의 스토리가 원작이 되어 다른 예술 장르로도 변용될 수가 있다는 의미이다. 이런 점에 조선조 비운의 임금 고종황제와 덕혜옹주의 이야기를 소설화한 안윤자의 장편소설「구름재의 집」도 주목되지만 이에 대한 언급은 차후 다른 장에서 해야 할 것이다.

  필자는 이 글의 서두에서 안윤자 수필세계의 키워드를 '지성의 탐미, 방랑자의 고뇌와 꿈, 고독한 영혼, 그리고 사랑'이라고 말한 바 있다. 그리고 "오늘도 나는 릴케의 문학을 탐닉하고 헤세의 집에 머문다"라는 '작가의 말'을 환기한 적이 있다. 그의 수필 세계의 키워드는 어느 정도 탐색했지만, 안윤자의 수필에서 릴케와 헤세의 영향 관계를 비교문학적으로 탐색하지는 못했다. 이를 '남는 문제'로 남겨놓고, 그가 펼쳐 보여줄 수필 지평을 다시 지켜봐야 할 것이다.